★

예수를
기다리며

예수를 기다리며

지은이 | J. D. 그리어
옮긴이 | 정성묵
초판 발행 | 2024. 11. 13.
등록번호 | 제1988-000080호
등록된 곳 | 서울시 용산구 서빙고로65길 38
발행처 | 사단법인 두란노서원
영업부 | 02)2078-3333 FAX | 080-749-3705
출판부 | 02)2078-3330

책값은 뒤표지에 있습니다.
ISBN 978-89-531-4964-9 03230

독자의 의견을 기다립니다.
tpress@duranno.com www.duranno.com

두란노서원은 바울 사도가 3차 전도 여행 때 에베소에서 성령 받은 제자들을 따로 세워 하나님의 말씀으로 양육하던 장소입니다. 사도행전 19장 8-20절의 정신에 따라 첫째 목회자를 돕는 사역과 평신도를 훈련시키는 사역, 둘째 세계선교™와 문서선교 단행본·잡지 사역, 셋째 예수문화 및 경배와 찬양 사역, 그리고 가정·상담 사역 등을 감당하고 있습니다. 1980년 12월 22일에 창립된 두란노서원은 주님 오실 때까지 이 사역들을 계속할 것입니다.

우리 곁에 오신
구원자를 묵상하는 대림절

Searching for
Christmas

예수를 기다리며

J. D. 그리어 지음

정성묵 옮김

두란노

인생의 큰 질문들에 관한 답을 찾고 있는가? 그리스도의 제자가 된 지 얼마 되지 않았는가? 오랫동안 신앙생활을 해온 신자인가? 어떤 경우든 상관없이 이 재미있고 쉬운 책은 이 시대에도 여전히 필요한 풍성한 진리들을 소개해 준다.

　– 케리 라도시아(Keri Ladouceur), 뉴그라운드네트워크 설립자

우리는 〈오 베들레헴 작은 골〉(찬송가 120장)이라는 찬송을 부를 때 '오늘 우리 안에 탄생하소서'라고 기도한다. 성탄절 기간에, 말구유에서 태어나신 아기가 2천 년이 지난 지금도 마음들과 인생들을 변화시키고 계신다는 현실보다 더 중요한 것은 없다. 이 작은 책은 당신에게 성탄절의 진정한 의미를 소개해 줄 것이다.

　– 트레빈 왁스(Trevin Wax), 라이프웨이크리스천리소스 편집자,
《디스 이즈 아워 타임》 저자

이 놀라운 책은 성탄절의 주인공이 언제나 우리에게 필요한 전부라는 점을 보여 준다.

　– 대니얼 어킨(Daniel L. Akin), 사우스이스턴침례신학교 총장

내가 지금까지 읽은 기독교 서적 중 가장 감동적이다. 이 책은 우리에게 심오한 질문들을 제기한다. 하나님이 계시는가? 어디서 도움을 찾아야 할까? 그분이 나를 위해 무엇을 해주셨는가? 그분은 어떤 분이신가? 저자가 주는 답변 하나하나마다 깊은 감동이 밀려왔다.

– 리코 타이스(Rico Tice), 런던 올스올즈교회 전도담당사역자,
《교회를 섬기는 당신에게》 저자

J. D. 그리어는 당신에게 성탄절 정신을 심어 줄 성탄절 이야기를 매력적이고 교훈적이고 흥미진진하게 전해 준다. 환상적인 성탄절 선물이다!

– 제임스 메리트(James Merritt), 크로스포인트교회 담임목사,
남침례회연맹 전 회장

이 책에서 J. D. 그리어는 문화적인 축하와 전통을 넘어 성탄절의 진정한 중심으로 돌아가도록 우리를 안내한다. 그는 하나님이 아들을 이 땅에 보냄으로 증명해 보이신 놀라운 사랑에 우리 마음을 다시 집중하게 해준다. 분주한 성탄절에 지쳤다면 이 책이 도움이 될 것이다.

– 애덤 그린웨이(Adam Greenway), 사우스웨스턴침례신학교 총장

매년 12월 25일 서구 세상은 대부분 가동을 멈춘다. 이 책에서 J. D. 그리어는 성탄절의 진정한 의미를 알려 준다. 그의 탁월한 설명은 실로 놀랍다.

　　　　　　　－ 스티브 게인스(Steve Gaines), 벨뷰침례교회 담임목사

J. D. 그리어는 성탄절 기간에 우리가 모두 느끼는 갈망과 내면 깊은 곳에서 던지는 질문들을 밝힌 다음, 답을 가리킨다. 이 책을 강력히 추천한다.

　　　　　　　－ 그렉 로리(Greg Laurie), 하비스트교회 담임목사

우리가 성탄절 이야기를 이해한다고 생각하기 쉽다. 베들레헴, 별, 마구간, 동방박사들… 모두 이미 들어서 알고 있다. 하지만 그래서 어떻게 되었는가? 지혜와 통찰로 가득한 이 작은 책은 이 질문이 왜 중요한지를 말해 준다. 잠시 시간을 내서 읽어 보라. 분명 놀랄 것이다. 그리고 삶이 변할 것이다.

　　　　　　　－ 엘리스 피츠패트릭(Elyse Fitzpatrick), 《내 마음의 우상》 저자

정말 마음에 드는 책이다. 탁월한 이야기꾼이 쓴 매력적이고 지혜로운 책이다. J. D. 그리어는 모든 사람의 마음속에 오직 예수님만 채워 주실 수 있는 갈망이 있다는 점을 보여 준다. 이번 성탄절에 이 책을 읽기 바란다. 읽기 잘했다는 생각이 들 것이다.

－ 폴 트립(Paul D. Tripp), 《마음 다해 주일예배》 저자

이는 한 아기가 우리에게 났고
한 아들을 우리에게 주신 바 되었는데
그의 어깨에는 정사를 메었고
그의 이름은 기묘자라, 모사라,
전능하신 하나님이라, 영존하시는 아버지라,
평강의 왕이라 할 것임이라.

_이사야 9:6

contents

추천의 글 ◆ 4

★

Part 1
우리 곁에 오신
삶의 소망

1.

암울한 세상 속으로 오신 하나님의 선물 ◆ 16

★

Part 2
우리가 붙들
구원의 이름, 예수

2.

내 인생의 '기묘자 · 모사'를 기다립니다

그분은 우리의 삶을 아신다 ◆ 30

3.

나의 '전능하신 하나님'을 기다립니다

우리가 엄두도 낼 수 없는 일을 행하신다 ◆ 42

4.

나의 '영존하시는 아버지'를 기다립니다

우리를 절대 실망시키지 않는 좋은 아버지시다 ◆ 58

5.

나의 '평강의 왕'을 기다립니다

우리를 하나님과 화목하게 하시려 죽으시다　◆ 78

★
Part 3
잃어버린 예수를
다시 만나다

6.

그분, 나의 전부가 되시다　◆ 96

주　◆ 103

Part 1

우리 곁에 오신
삶의 소망

Searching for
Christmas

1

암울한
세상 속으로 오신
하나님의 선물

성탄절에 선물을 주고받는 관례는 꽤 스트레스를 준다.

대학교 1학년 때 타지에서 자취하다가 성탄절 연휴에 집에 왔을 때 대학 들어가기 전에 사귀던 여자 친구를 만나기로 했다. 그날은 12월 23일이었다. 솔직히 우리가 아직 사귀는 사이인지 애매했다. 당시는 페이스북과 같은 소셜 네트워크가 없던 시대라 거기서 우리의 관계를 정확히 확인할 수 없었다. 그녀를 만나기 위해 집에서 차를 타고 출발하자마자 난감한 질문 하나가 떠올랐다. '그녀에게 크리스마스 선물을 사줘야 할까?'

그때부터 머릿속이 재빨리 돌아갔다. '그녀가 내게 선물을 주는데 내가 줄 선물이 없으면 우리의 관계는 무조건 끝인 거야. 반대로, 우리의 관계가 이미 끝나서 그녀가 내게 선물을 주지 않는다면 평생 함께 살지도 않을 사람에게 큰돈을 쓸 필요는 없잖아.'

집으로 가는 길에 스포츠용품 매장을 발견하고 급히 들

어가 보니 스키 탈 때 착용하는 기모로 된 아디다스 로고가 새겨진 목 토시가 눈에 들어왔다. 순간, '바로 이거야'라는 생각이 들었다. 그 목 토시가 나를 향해 "나는 특별해. 나를 선택해"라고 외치는 것만 같았다. 그녀가 마음에 들어 하지 않으면 내가 사용하면 되겠다고 생각했다. 게다가 가격이 7 달러로 너무 저렴했다. 우선 구매한 뒤에 포장 코너로 가져가 정말 고급스럽게 포장해 달라고 간곡히 부탁했다.

내가 생각해도 너무 잘했다는 생각이 들었다.

여자 친구의 집에 도착해서 일단 선물은 차에 놓고 내렸다. 그런데 그녀가 현관문을 열고 나와 "안녕"이라고 인사하고 그다음으로 한 말이 "네 선물을 샀어"였다. 나는 가슴을 쓸어내리며 말했다. "나도 뭘 좀 샀어."

그녀는 내게 선물을 건넸다. 근사한 선물 포장을 뜯자마자 정말, 정말 고급스러운 재킷이 나타났다. 무조건 7달러보다 훨씬 더 비싼 선물이었다. 그에 비해 내 선물은 너무 형편없었다.

더 이상 나 자신이 자랑스럽게 느껴지지 않았다.

그래서 보통 십 대 남자애들이 할 법한 행동을 했다. 아니 정확히 말하면, 세 살 어린 여동생이 있는 십 대 남자애들이 할 법한 행동을 했다. 나는 선물을 집에 두고 왔다고 말했고, 우리 집으로 함께 가서 그녀에게 집 앞에서 기다리라고 말하고 재빨리 집에 뛰어 들어가 엄마를 찾았다.

"엄마!" 나는 조용하면서도 절박한 목소리로 말했다. "혹시 동생 주려고 샀는데 동생이 아직 모르는 선물 있어요? 정말 좋은 선물이어야 해요."

"무슨 일인데 그러니?"

"엄마, 지금은 자세히 설명드릴 시간이 없어요. 빨리요. 있어요? 없어요?"

"있단다."

크리스마스트리로 가보니 선물이 보였다. 거기서 동생의 이름표를 떼어 여자 친구의 이름을 써서 붙였다. 그러고 나서 그 선물을 그녀에게 주었다.

"이게 뭐야?"

그녀의 말에 나는 "깜짝선물이야"라고 대답했다. 그녀가 생각하는 것과 다른 의미에서, 그러니까 갑작스레 준비했다는 의미에서 깜짝선물이 맞았다.

그녀가 포장을 뜯었다. 안에 스웨터가 들어 있었다. 비싼 스웨터였다. 그녀는 몹시 마음에 들어 했다. 휴!

하지만 우리의 관계는 결국 끝났다. 나도 안다. 당신도 나만큼이나 충격을 받았다는 것을! 내가 알기로 그 여자 친구는 지금까지도 그 일의 진상을 모른다(그녀가 이 책을 읽지 않는 한 말이다. 혹시 이 책을 읽고 있다면 이 자리를 빌려 사과한다). 그리고 나는 그 아디다스 기모 목 토시를 거의 사용하지 않으면서도 여전히 보관하고 있다.

하나님이 우리에게 주신 선물

대부분의 아이들은 성탄절에 선물을 받는다는 것을 알고 있다. 우리는 어릴 적에 대부분 성탄절이면 동이 트기도 전에 눈을 떠서 "지금 일어나도 돼요?"라고 물었던 것을 기억한다. 열 살이나 열한 살까지 내게 성탄절은 그 해에서 가장 좋은 날이었다. 그 이유는 바로, 나도 모르게 어린 내 마음에 물질만능주의가 자리잡아서였다. 나를 사랑하는 사람들에게서 좋은 선물을 많이 받을 줄 알았기 때문이다. 물론 나중에는 사랑하는 사람들에게 좋은 선물을 주는 것도 기쁘다는 사실을 배웠다.

그리스도인들은 성탄절에, 그리고 삶의 중심에 한 가지 특별한 선물이 있다고 믿는다. 바로 하나님이 우리에게 주신 한 아기다. 하지만 그것은 어떤 종류의 선물인가?

이 아기는 성탄절 기간에 기분을 좋게 만들어 주지만 지어 낸 산타클로스 전설과 같은 것인가?

아니면 이 선물은 7달러짜리 목 토시와 같은 것인가? 그러니까 주는 사람 입장에서 별 다른 노력이나 희생을 필요로 하지 않고 별다른 변화를 가져오지 못하는 선물인가?

아니면 그 재킷과 같은가? 고민하고 또 고민한 뒤에 큰돈을 들여서 사서 사랑을 듬뿍 담아서 준 선물인가?

여기서 하나님이 당신에게 주신 선물이 세 번째 범주에 들어가는 이유를 보여 주고 싶다. 그렇게 하기 위해서는 과거로 돌아가야 한다. 다만 첫 성탄절과 우리 모두가 익히 아는 사건들로 돌아가는 것이 아니다. 구유 장면, 양떼를 치는 목자들, 찬양을 부르는 천사들, 멀리서 찾아온 동방박사들의 이야기로 돌아가는 것이 아니다. 그보다 더 뒤로 돌아갈 것이다. 성탄절 이야기에는 우리에게 너무나 익숙한 사건들 외에 무엇인가가 더 있기 때문이다. BC 800년쯤으로 돌아가 보자.

당시는 이사야라는 사람이 하나님의 사자라고 주장하며 이렇게 선포한 시대였다.

"주께서 친히 징조를 너희에게 주실 것이라 보라 처녀가

잉태하여 아들을 낳을 것이요 그의 이름을 임마누엘이
라 하리라"(사 7:14).

가장 뜻밖의 환경, 인간적으로 보면 도무지 이해할 수 없
는 환경에서 한 아기가 태어날 것이었다. 혹시 성탄절 이야
기에서 처녀가 임신했다는 부분만 나오면 그냥 전설로 여
겨 대충 흘려듣는가? 하지만 그 부분이야말로 가만히 앉아
서 귀를 기울여야 하는 부분이라고 생각한다. 그 사건은 실
제로 일어나기 700년도 더 전에 예언된 사건이기 때문이다.
하나님은 마리아가 갓난아기를 처음 구유에 눕히기 수 세기
전에 이미 첫 성탄절을 준비하고 계셨다. 이것은 산타클로
스 신화가 아니라 실제 역사다(3장에서 더 자세히 이야기해 보겠
다). 인류 역사상 가장 믿기 어려운 탄생은 하나님에게서 온
'징조'였다. 이는 하나님이 실재하신다는 증거이며, 그분이
우리를 진정으로 아끼시기에 우리의 일에 관여하신다는 증
거다.

이사야가 이 예언을 한 대상은 이스라엘 백성이었다. 그
들은 하나님에게 무슨 말이라도 듣기를 절박하게 원하고 있
었다. 이사야에 따르면 그들은 "흑암에 행하던 백성"(사 9:2)
이었다. 당시 이스라엘은 국가적 위기 상황에 처해 있었다.

경제적으로 파탄이 났다. 게다가 침공을 받고 있었다. 그래서 이스라엘 국가의 존립 자체가 위기에 처해 있었다. 미래에 관한 불확실성, 안전에 관한 두려움, 혼자라는 느낌, 무기력하고 절망적이라는 느낌이 어둠처럼 나라 전역에 깔려 있었다. 나라가 완전히 망가져 도무지 회복될 길이 없어서 미래가 암담하기만 했다. 이스라엘 백성은 붙잡을 무언가를 찾고 있었다. 그리고 하나님은 그들에게 필요한 것이 한 아기의 탄생이라고 말씀하셨다. 그들이 찾고 있던 것은 그 아기가 첫 성탄절에 하실 일이었다.

올해의 끝을 향해 달려가고 있는 지금, 우리도 확실하다고 생각했던 모든 것이 갑자기 불확실해질 때 어떤 기분이 드는지를 알고 있다. 우리도 삶이 흔들리고 심지어 무너지는 기분을 알고 있다. 우리도 이전의 삶으로 돌아갈 길이 없을 때의 기분을 경험해 봐서 안다. 번영, 최고 수준의 의료 시스템, 우리 국가의 경제, 심지어 우리 자신의 삶도 생각보다 훨씬 약하다는 것을 전에 없이, 어쩌면 처음으로 뼈저리게 느끼고 있다.

우리는 대부분 이번 성탄절에 어두움을 느끼고 있다. 이번 성탄절에는 내년에 어떻게 될지 몰라 불안하고 직업적으로도 흔들리고 가정이 무너져 내리고 건강이 급속도로 악화

되고 있을지 모른다. 이런 어두움에 짓눌려 산 지 기억도 나지 않을 만큼 오래되었을 수도 있다. 어디로 가야 할지, 어디에 기대야 할지 모를 수도 있다. 혹은 큰 문제는 없지만 어딘가 허전하고 공허하고, 그리고 그 공허함을 채우기 위해 하나님이 필요하다는 생각이 들 수도 있다.

우리는 붙잡을 무언가를 찾고 있다. 그리고 하나님은 수세기 전 어두움을 마주했던 그 백성들에게 하셨던 말씀을 우리에게 그대로 하고 계신다. 어쩌면 우리도 모르게 성탄절을 찾고 있는지도 모른다. 이상하게 들릴지 모르지만 하나님은 풍요로운 때나 위기의 때나 상관없이 우리에게 가장 필요한 것이 한 아기의 탄생이라고 말씀하신다.

> "한 아기가 우리에게 났고 한 아들을 우리에게 주신 바 되었는데 그의 어깨에는 정사를 메었고 그의 이름은 기묘자라, 모사라(Wonderful Counselor, 놀라운 카운슬러), 전능하신 하나님이라, 영존하시는 아버지라, 평강의 왕이라 할 것임이라"(사 9:6).

예수의 이름에 담긴 선물의 의미

아기의 이름을 짓는 것에 관해 아무도 말해 주지 않아도 다 알고 있는 규칙들이 있다. 예를 들어, 자신이나 배우자가 특정한 이름을 가진 사람과 사귄 적이 있다면 그 이름은 탈락이다. 배우자가 학창 시절에 싫어했던 친구를 떠올리게 만드는 이름이라면 그 역시 탈락이다. 성과 이름이 잘 어울리는지도 따져봐야 한다.

목사이자 저자인 크레이그 그로셸(Craig Groeshel)은 성과 이름이 잘못 조합된 자신의 이름을 소개한 적이 있다('스코틀랜드어'로 돌 언덕이라는 의미의 크레이그라는 이름에다가 크로셸이라는 '프랑스어'의 조합이기 때문에 문화적 대비를 이루고 있다- 역주).[1]

아니타 만(Anita Mann, I need a man과 발음이 유사하다- 역주)

루이스 프라이스(Lois Price, low price로 들릴 수 있다- 역주)

내가 볼 때 가장 웃긴 이름은 성이 백(Back)인 남자와 결혼한 헬렌(Helen)이라는 여성이다.

헬렌 백(Helen Back).

아마 결혼한 지 10년쯤 되어서 그녀는 원래 이름인 헬렌을 돌려받고(Back) 싶다고 했을 것이 분명하다.

이름은 무척이나 중요하다. 처녀가 낳은 아기의 모든 이름을 하나님이 선택하신 이유다. 하나님은 그분이 주실 수 있는 가장 귀한 선물이 아기인 이유가 이름에서 드러나기를 원하셨다. 이 짧은 책에서 이사야가 이 아기(우리가 주로 예수님이라고 부르는 아기)가 갖게 될 것이라고 선포한 네 개의 이름 혹은 호칭을 살펴보고자 한다. 그 이름은 '놀라운 카운슬러, 전능하신 하나님, 영존하시는 아버지, 평강의 왕'이다.

각 이름을 살펴보면 이 아기의 탄생이 왜 그토록 좋은 소식인지, 왜 우리의 인생을 변화시키는 이름인지를 알게 될 것이다. 이 책에서 예수님이 행하신 일들을 보며 그것이 그냥 기분 좋은 전설이나 신화가 아니라 역사적 사실이라는 것을 확신하게 될 것이다. 그리고 성탄절 이야기에 우리가 생각했던 것보다 훨씬 더 많은 것이 있다는 사실을 알게 될 것이다. 성탄절의 중심에 있는 분이 무기력이나 절망감 속에 있는 우리들에게 부여잡을 수 있는 소망을 주신다는 사실을 볼 것이다.

이 책을 통해 예수님이 7달러짜리 목 토시나 값비싼 재킷보다, 아니 그 무엇보다도 훨씬 더 귀하고 훨씬 더 큰 도움이 된다는 사실을 보게 될 것이다. 2천 년이 지난 지금, 우

리에게도 인생의 답과 소망이 되시는 구원의 이름을 만나게
될 것이다.

Part 2

우리가 붙들 구원의 이름,
예수

Searching for
Christmas

내 인생의 '기묘자·모사'를 기다립니다

그분은
우리의 삶을
아신다

우리가 성탄절 이야기에서 자주 놓치는 것 중 하나는 예수님과 그분의 부모가 얼마나 가난했는지다.

예수님은 몹시 가난한 집안에서 태어나셨다. 예수님은 유대인으로 태어나셨고, 그 당시 유대인들은 매우 가난하고 억압받는 민족이었다. 게다가 예수님의 가족은 유대인 중에서도 못사는 축에 속했다.

예를 들어, 예수님이 가축들의 집에서 태어나셨다는 사실을 생각해 보라. 이런 일은 21세기만큼이나 1세기에서도 흔한 일이 아니었다. 첫 성탄절의 상황을 제대로 느끼려면 말 잘 듣는 동물들과 함께한 운치 있는 작은 마구간 장면을 머릿속에서 지워 버려야 한다. 그 첫 성탄절 밤에 운치 따위는 없었다. 소들의 냄새 속에서 겨우 남편 한 사람의 도움을 받아 첫 아기를 낳고 싶은 여성은 어디에도 없다. 당시에도 같은 이유로 사람들은 마구간에 아기를 두지 않았다. 마구간은 더럽고 악취가 진동한다. 그리고 마구간에는 산파가 없다.

어떤 이들은 마구간 장면에 계피나 향신료를 뿌려 좋은 냄새가 나게 한다. 하지만 진짜 마구간처럼 꾸미고 싶다면 동물의 배설물을 구해 여기저기 발라야 한다.

생각만 해도 구역질이 나지만 바로 그런 곳에서 예수님이 태어나셨다. 그분의 가족은 그 정도로 가난했다.

또한 예수님은 평생 가난하게 사셨다. 3년 동안은 사실상 집 없는 신세였다. 실제로 예수님은 "머리 둘 곳이 없도다"(눅 9:58)라고 말씀하셨다. 그리고 가난한 사람들이 흔히 그렇듯 그분은 배운 자들과 가진 자들에게 비웃음을 당하셨다. 그분이 돌아가실 때는 친구도 재물도 명성도 없었다. 탄생 당시의 형편이 평생 이어졌다.

다시 말해, 예수님은 홍보 회사에서도 손을 놓을 만한 분이었다. 정말 많은 면에서 내세울 것이 없는 분이었다. 하지만 삶의 난관에 봉착한 이들에게는 그분의 약함이 바로 삶을 변화시키는 열쇠다. 그 이유는 다음과 같다.

그분은 우리를 아신다

초기 그리스도인들 중 한 명으로 히브리서라는 신약의 책을 쓴 기자는 예수님을 다음과 같이 묘사했다.

> "우리의 연약함을 동정하지 못하실 이가 아니요 모든 일에 우리와 똑같이 시험을 받으신 이로되 죄는 없으시니라 그러므로 우리는 긍휼하심을 받고 때를 따라 돕는 은혜를 얻기 위하여 은혜의 보좌 앞에 담대히 나아갈 것이니라"(히 4:15-16).

이 기자는 예수님이 하늘 보좌에 앉아 계셨으며 지금도 앉아 계신다고 믿었다. 그분은 하나님이시요 우리를 다스리는 왕이시다. 그런데 놀라운 사실은 이 하나님이 냉담한 분이 아니라는 것이다. 그분은 멀리 하늘에서 이 세상의 어지러움을 내려다보며 고개를 흔들고 혀를 끌끌 차는 하나님이 아니다. 그분은 가난한 인간으로 태어난 하나님이다. 그분은 유혹과 거부를 당하고 외롭고 굶주리고 걱정에 휩싸이는 것이 무엇인지를 경험해 봐서 아신다. 다시 말해, 그분은 인간으로 사는 것이 어떠한 것인지를 아는 하나님이다.

예수님은 우리가 이 세상에서 겪는 것들을 직접 겪으셨다. 그분은 삶이 인간에게 던지는 최악의 것들을 직접 경험하셨다. 이는 그분이 최악의 고통과 최악의 상황에서도 우리의 믿을 만한 안내자가 되실 수 있다는 뜻이다.

다시 말해, 예수님은 우리의 상담자가 되기에 최적격인 분이다.

내 인생길을 이미 지나가 보신 분

'기묘자, 모사'(놀라운 카운슬러, Wonderful Counselor)에 대해 이사야가 원래 사용한 히브리어 단어는 우리가 문제들을 해결할 수 있도록 권위자의 자리에서 조언하고 지도하고 인도하는 사람이라는 뜻이다. 이는 단순히 우리가 아는 정도의 심리 치료사(therapist)를 의미하지 않는다. 단순히 내 이야기를 들어주는 것이 아니라, 더 나아가 상황을 이해하기 위한 경험, 해법을 알아낼 지혜, 해법을 실행할 능력을 지닌 사람을 의미한다. 이사야가 말하는 '기묘자, 모사'는 단순히 우리가 한밤중에 전화를 걸어 하소연을 하면 "아이고, 어떻게 그런 일이 일어났을까요? 정말 힘드시겠어요"라고 맞장구를 쳐주는 사람이 아니다. 물론 그렇게 공감해 주는 친구가 있는 것은 정말 감사한 일이고, 힘든 일을 털어놓으면 큰 도움이 된다. 하지만 우리의 상담자가 이런 일만 한다면 무언가 빠져 있는 것이다.

이사야는 예수님이 단지 경청을 잘하는 분이나 어떤 질문을 던져야 할지 정확히 아는 분이실 것이라고 말한 것이 아니다. 이사야는 우리가 최악의 문제를 들고 가면 빠져나갈 길을 보여 주실 수 있는 분에 관해서 말한 것이다.

수년 전 동유럽에 가서 그곳으로 이사한 한 친구를 만났다. 그때 우리는 옛 소련에 속한 한 국가로 들어가기 위해 국경을 넘어야 했다. 이는 특히 미국에서 온 사람들에게 기분 좋고 편안한 경험이 아니다. 그곳의 국경 수비대는 고객 서비스 훈련을 제대로 받지 못한 것이 분명했다.

그곳에서 내가 가진 도구는 두 가지뿐이었다. 여권과 매력적인 미소, 이 두 가지가 내가 가진 전부였다. 그곳에서 AK47 소총을 들고 서 있는 국경 수비대원들로 인해 나도 모르게 식은땀이 흘렀다. 미소는 그들의 장기가 아닌 것처럼 보였다. 미국인에 관한 유쾌하지 않은 경험들이 한몫하지 않았을까 싶다.

하지만 그곳에 사는 내 친구는 이 국경을 말 그대로 수백 번은 넘었다. 그는 내가 긴장한 것을 알아채고 이렇게 말했다. "내가 다 아니까 걱정하지 말아요." 국경을 넘어야 할 때마다 그는 내가 어디로 가야 할지, 누구와 대화하고 누구와 말하지 말아야 할지, 언제 미소를 지어야 하고 언제 눈을 아래로 깔아야 할지를 알려 주었다. 그는 상황을 정확히 파악하고 있었고, 내가 무엇을 해야 할지 알고 있었다. 그 길을 전에 지나간 적이 있었기 때문이다.

예수님은 우리 모두에게 바로 이런 종류의 '카운슬러'가 되어 주겠다고 말씀하신다. "고통의 길을 걷고 있는가? 내가 겪어 봐서 안단다. 외로움을 느끼고 있는가? 누구보다 잘 알지. 유혹을 받고 있는가? 나 역시 유혹을 당했기에 잘 안다. 배신을 당한 적이 있는가? 상실감 속에 빠져 있는가? 나도 그런 길을 걸어 본 적이 있다. 그런 문제에서 빠져나갈 길을 보여 줄 테니 걱정하지 마라. 내가 국경을 무사히 넘도록 안내해 줄 수 있다. 내가 다 아니까 걱정하지 마라." 그분은 '놀라운 카운슬러'이시다.

예수님의 탄생에 관한 예언은 그분이 문제를 가진 사람들을 위해서 오셨다고 말한다. 그분의 삶이 이를 증명해 준다. 그분은 집 없이 가난하게 사셨을 뿐 아니라 강력한 기적을 일으키셨기 때문이다. 예수님의 삶에 관한 역사적인 기록인 복음서들 중 하나라도 읽어 보면 예수님이 한 소년의 점심 도시락으로 5,000명을 먹이신 사건을 볼 수 있다. 그분이 눈먼 사람에게 시력을 주시고 만성질환으로 고생하는 환자에게 건강을 주신 사건도 볼 수 있다. 심지어 그분이 죽은 자들을 살리신 사건도 볼 수 있다.

이런 기적은 그저 사람들의 눈을 즐겁게 해주기 위한 묘기나 그분의 능력을 증명해 보이기 위한 수단이 아니었다. 어느 날 가장 친한 친구를 보고 "베드로야, 하늘을 나는 기분이 어떤 건지 알고 싶니? 그것이 너의 버킷리스트야? 내가 그런 일을 일으킬 수 있으니까 부담 없이 말해 보렴"이라고 하며 베드로를 하늘로 날려 버리는 예수님이신가? 절대 아니다. 모든 기적은 문제에서 시작되었다. 굶주림, 배척, 질병, 심지어 죽음이 그것이다. 예수님은 그 문제 속으로 들어가실 때마다 기적적인 능력으로 그 상황을 바꿔 주셨다.

이 카운슬러의 능력을 경험하기 위한 조건은 두 가지뿐이었다. 첫째, 자신에게 문제가 있음을 깨닫고 스스로 그 문제를 해결할 수 없음을 인정해야 했다. 이것이 우리가 겸손이라고 부르는 것이다. 둘째, 그분이 우리를 변화시킬 수 있다는 것을 알고서 그분께 찾아가 도움을 구해야 했다. 이것이 우리가 믿음이라고 부르는 것이다.

성탄절 기간은 이상한 기간이다. 어떤 면에서 성탄절은 기쁨이 가득한 시간이다. 온 가족이 한자리에 모인다. 아이들은 신이 나서 잠을 이루지 못한다. 선물들이 공개된다. 모든 사람이 웃으며 영화 〈멋진 인생〉(It's a Wonderful Life)을 본다. 하지만 동시에 많은 사람에게 성탄절은 아픔이나 후회의 감정을 억누르기가 가장 힘든 시간이기도 하다.

사랑하는 이들과 행복한 성탄절을 보내면서도 감당할 수 없는 짐에 짓눌려 있는 기분을 너무도 잘 알고 있는가? 이번 성탄절에는 주위에 사랑하는 사람들이 아무도 없는가?

예수님은 그것을 아신다. 그분은 아무 문제가 없는 사람들을 위해서 오시지 않았다. 그분은 문제를 안고 있는 사람들을 위해서 오셨다. 그분은 삶이 엉망진창으로 망가진 사람들을 위해서 오셨다. 그분은 인생의 막다른 골목에 이른 사람들을 위해서 오셨다. 그분은 푸대접과 무시와 학대를 받아 온 사람들을 위해서 오셨다. 그분은 원하는 모든 것을 가졌지만 여전히 공허함에 시달리는 사람들을 위해서 오셨다. 그분은 '놀라운 카운슬러'이시다. 즉 상황을 이해하기 위한 경험, 해법을 알아내기 위한 지혜, 해법을 실행할 능력을 지닌 분이시다.

해법보다 더 좋은 '그분 자신'을 주신다

여기서 가장 놀라운 것은 상담이 아니라 상담자 자신이다. 나는 목회자이기 때문에 예수님이 자신의 삶을 더 낫게 만들어 주실 수 있는지 궁금해하는 사람들을 자주 만난다. 그들은 이렇게 묻는다. "예수님이 우리 가족을 도와주실 수 있나요? 예수님이 배우자와의 관계를 회복시켜 주실 수 있나요? 예수님과의 관계가 내 커리어에 도움이 될까요? 예수님과의 관계가 내 삶의 균형을 회복하는 데 도움이 될까요? 예수님이 나를 행복하게 해주실 수 있을까요?"

답은 "그렇다"이다. 예수님은 우리의 문제를 해결하도록 도와주실 수 있다. 그분의 조언에 귀를 기울이고, 그분의 변화시키는 능력을 추구하고, 지금까지 우리가 살아온 방식과 다른, 그분의 방식을 받아들일 준비가 되어 있다면, 그분은 얼마든지 도와주실 수 있고 도와주신다.

하지만 더 중요한 것은 따로 있다. 우리가 예수님을 알게 되면 그분은 그런 문제에 대한 해법보다 훨씬 더 좋은 것을 주신다. 바로 그분 자신을 주신다. 그분 자신은 그분이 행하시는 역사보다 훨씬 더 좋다.

해법을 찾고 있는가? 하나님은 당신에게 훨씬 더 좋은

것을 주신다. 바로 그분과의 관계를 주신다. 인생 최대의 발견은 예수님을 아는 것이다. 그분이 우리를 사랑하신다는 사실을 아는 것이다. 우리의 삶 속에 늘 거하시겠다는 그분의 약속을 아는 것이다. 모든 일 가운데 사랑으로 충만한 계획을 능력으로 실행해 주겠다는 그분의 약속을 아는 것이다. 이 사실을 발견한다고 해서 모든 문제가 사라지지는 않지만 문제를 다루는 태도는 완전히 달라질 수 있다.

그렇다. '놀라운 카운슬러'가 되신 예수님께서는 우리의 문제를 해결해 주실 수 있다. 죄와 씨름하고 있는가? 그분은 그 문제를 다뤄 주실 수 있다. 이래 봬도 그분은 '죄인들의 친구'로 불리신 분이다. 그분은 죽음을 통해, 하나님에게서 멀어져 있는 사람들이 그분께로 돌아갈 길을 마련하기 위해 오셨다.[2]

'지난 실수로 후회하고 있는가?' 그분이 그런 상황을 바꾸도록 도와주실 수 있다. 부활하신 그분은 만물을 새롭게 해주겠다고 약속하셨다.

'영원과 영혼에 관해 의문을 품고 있는가?' 그분이 답해 주실 수 있다. 그분은 의심하는 제자 도마에게 자신이 "길이요 진리요 생명"이라고 말씀하셨다.

'건강 문제로 힘들어하고 있는가?' 그분은 당신과 함께 그 길을 걸어 주실 수 있다. 성경은 그분이 "간고를 많이 겪었으며 질고를 아는 자라 … 우리의 질고를 지고 우리의 슬픔을 당하였거늘"(사 53:3-4)이라고 말한다. 그분은 고난 중에 있는 우리에게 소망을 주기 위해 오셨다.

'부부 사이나 가정에 문제가 있는가?' 그분이 도와주실 수 있다. 그분은 지친 청중에게 이렇게 말씀하셨다. "수고하고 무거운 짐 진 자들아 다 내게로 오라 내가 너희를 쉬게 하리라"(마 11:28).

'과거의 학대로 인한 상처를 안고 살아가고 있는가?' 그분이 그 모든 상처를 치유해 주실 수 있다. 히브리서 기자는 그분이 그분께 오는 자들을 "온전히" 구해 주실 수 있다고 말한다.

그분은 놀라운 카운슬러이시다. 이것이 그분이 오신 이유다. 이것이 그분이 가축들의 집에서 태어나고 성인이 되어서도 머리 누일 곳조차 없으셨던 이유다. 이것이 그분이 외로움과 약함을 경험하신 이유다. 이것이 그분이 병자를 치유하고 굶주린 자를 먹이고 죽은 자를 살리신 이유다. 바로 그분이 이해하고 상황을 회복시키실 수 있다는 사실을 우리에게 알게 하시기 위해서다. 놀라운 카운슬러의 도움을 경험할 준비가 되었는가? 그분이 당신을 초대하고 계신다.

3

나의 '전능하신 하나님'을 기다립니다
우리가
엄두도 낼 수 없는 일을
행하신다

성탄절은 선택의 시기다. 만능 조리 기구를 사고 싶은가? 인터넷에서 검색해 보면 2천 가지 이상의 종류가 있다. 나무에 구멍을 뚫는 드릴은 어떤가? 4만 가지 이상의 선택사항이 있다.

이 숫자들은 내가 지어낸 것이 아니다.[3]

많은 선택사항은 좋으면서도 혼란스럽다. 내가 뭔가 힘을 가진 것 같은 기분이 드는 동시에 선택사항이 너무 많아 감당이 되질 않는다.

오늘날 서구 사회에서는 하나님에 관해 같은 상황이 펼쳐지고 있다. "전혀 믿지 않는다"에서 "모든 신을 믿는다"까지 신에 관한 선택사항이 끝이 없다. 공항이나 쇼핑몰 안을 거닐면 '신이 없다고 믿는 사람들, 많은 신이 존재한다고 믿는 사람들, 한 분 하나님을 믿되 그 하나님이 어떤 분이며 어떤 생각을 하는지에 관한 생각이 각기 판이하게 다른 사람들'을 모두 스쳐 지나게 된다. 어떤 이들에게 하나님은 멀리

사는 할아버지처럼 인자한 미소로 우리를 내려다보며 우리
가 행복하기를 바라시는 분이다. 어떤 이들에게 하나님은
우리의 선행과 악행을 일일이 세면서 우리에게 자비를 내릴
지 저울질하는 가혹한 감독관이시다. 어떤 이들에게 하나
님은 우주 창조를 마친 뒤 다른 일에 바빠 우리가 이 아래서
알아서 살도록 놔두는 비인격적인 힘이다. 어떤 이들에게
하나님은 우주 자체다.

선택사항이 수없이 많다. 그래서 우리가 뭔가 힘을 가진
것 같은 기분이 드는 동시에 선택사항이 너무 많아 감당이
되지를 않는다.

당신은 어떤가? 어떻게 선택할 수 있을까? 그리고 선택
이 왜 중요한가?

하나님의 이름을 아는 것이 첫 시작

이사야의 주장은 첫 성탄절에 태어날 아기가 '전능하신
하나님'(Mighty God)이라는 것이었다. 여기서 발견되는 그의
첫 번째 거대한 선언에 주목하라. 그것은 하나님이 존재하
신다는 것이다. 우리가 보고 측정할 수 있는 세상 너머에 아

무엇도 존재하지 않는 것이 아니다. 하나님이 계신다. 하지만 그 하나님은 어떤 종류의 하나님이신가? 이사야는 '하나님'이라는 단어를 사용할 때 무엇을 생각했을까?

이사야는 옛 이스라엘 국가의 일원이었기 때문에 '하나님'이라는 말을 할 때 매우 특별한 하나님을 염두에 두고 있었다. 그 하나님은 이스라엘 백성이 작은 가족이었을 때부터 그들과 함께 계시면서 그들을 국가로 키워 주신 분이었다. 그 하나님은 이사야가 메시지를 전할 때 살던 땅으로 이스라엘 백성을 이끄셨다.

그 하나님은 이름을 갖고 계셨다. 그러나 당시 사회에서 '하나님'은 이름이 아니라 범주에 가깝다. 즉 하나님은 구체적 존재가 아니라, 하나님이라는 단어가 그냥 일반적인 개념에 불과했다. 옛 세상에서는 거의 모든 사람이 신이나 여신을 믿었다. 그래서 문제는 "신이 있는가?"가 아니라 "어떤 종류의 신을 말하는 것인가?"였다.

그래서 하나님을 알기 위한 가장 중요한 방법 중 하나는 그분의 이름을 아는 것이었다.

이사야가 등장하기 수백 년 전에 하나님은 이스라엘 백성 중에 한 명인 모세에게 이름을 알려 주셨다. 모세가 살던 당시에 이스라엘 백성은 애굽의 압제를 받는 노예들이었다. 그러던 어느 날, 타오르는 불 속에서 타버리지 않는 떨기나무 가운데서 하나님은 모세에게 그분의 백성을 구하고 그들에게 자유를 줄 것이라고 말씀하셨다.

하지만 모세는 확신이 없었다. 그는 이미 지독히 어리석은 실수들을 저지른 몸이었다. 그리고 그의 마음속에는 자신의 민족이 노예로 고생하는 내내 하나님이 어디에서 무얼하고 계셨는지에 관해 의문이 많았다. 과연 하나님이 이번에는 그들을 위해 나서실지 의문이었다. 하나님은 모세의 질문들에 단 하나의 답도 주시지 않았다. 그저 그분을 믿으라고만 말씀하셨다. 그리고 그를 위해 한 가지 임무를 준비하셨다고 말씀하셨다. 그에게 복을 주고 그를 사용하기 위한 계획을 세우셨다고 말씀하셨다.

그리고 나서 모세가 한 가지 질문을 하자 이번에는 하나님이 답을 주셨다.

"당신의 이름은 무엇입니까?"

이에 하나님은 "스스로 있는 자"(I AM)라고 간단하게 대답하셨다(출 3:14).

성경은 이 하나님을 '여호와'라 부른다. 이것은 하나님이 구약 성경에서만 무려 6,519번 사용하신 이름이다. 이 이름의 의미 중 하나는 하나님이 그분의 백성에게 필요한 전부이며 그들의 부족함을 다 채워 주실 수 있다는 것이다.

모세는 하나님이 시키시는 일을 해낼 자신이 없었다. 그래서 이렇게 말했다. "저는 용감하지 못합니다. 제가 말하면 아무도 귀를 기울이지 않습니다. 저는 남들 앞에 서면 특히 말을 잘 못하는 사람입니다."

이에 하나님은 모세의 숨은 잠재력을 보여 주며 격려하시지 않으셨다. 대신 이렇게 말씀하셨다. "모세야, 네게 그런 능력이 있어서 너를 선택한 것이 아니다. 그런 능력은 나에게 넘치도록 있다. 나는 스스로 있는 자다. 내가 너의 부족함을 채워 주고도 남는다." 궁극적으로 중요한 것은 모세가 어떤 사람인지가 아니라 하나님이 어떤 분이신지다.

나는 네게 필요한 전부다

이스라엘 역사 내내 하나님은 그들에게 '스스로 있는 자, 여호와'라는 이름을 상기시키셨다. 이스라엘 백성이 큰 상심이나 두려움이나 부족함에 처했을 때마다, 그들이 무엇이 부족하든, 하나님은 그들에게 필요한 모든 것을 공급해 주겠노라 말씀하셨다.

하나님은 그들에게 자신이 "여호와 메카디쉬켐"(Jehovah Mekoddishkem, 너희를 거룩하게 하시는 여호와)이라고 말씀하셨다. "나는 너를 변화시키고 너를 거룩하게 하는 자다"(레 20:8). 하나님은 그들을 구별된 백성으로 삼고, 그들의 삶을 거룩하게 하려는 목적을 가지고 계신다. 하나님은 그들이 변화하지 않고 있을 때 변화시키실 수 있었다.

하나님은 그들에게 자신이 "여호와 삼마"(Jehovah Shammah, 여호와는 거기 계시는 분)라고 말씀하셨다(겔 48:35). "나는 항상 거기 있다." 하나님은 그들과 같이 계신다고 하셨다. 하나님은 그들이 외로울 때 함께 하셨다.

하나님은 그들에게 자신이 "여호와 라하"(Jehovah Raah, 여호와는 나의 목자)라고 말씀하셨다. "나는 목자다"(시 23:1). 목자가 양의 삶을 돌보아 주듯이, 목자되신 여호와는 우리를 인도하신다. 하나님은 그들이 길을 잃었을 때 목자처럼 인도하셨다.

하나님은 그들에게 자신이 "여호와 이레"(Jehovah Jireh, 여호와께서 준비하심)라고 말씀하셨다. "나는 너의 공급자다"(창 22:14). 하나님은 삶이 막막할 때 그들에게 필요한 것을 주셨다.

하나님은 그들에게 자신이 "여호와 라파"(Jehovah Rapha,

여호와는 치료자)라고 말씀하셨다. "나는 너의 치료자다"(출 15:26). 하나님은 그들이 절망에 빠져 있을 때 도와주실 수 있었다. 하나님은 그들이 치유가 필요할 때 그들의 상처를 싸매 주실 수 있었다.

하나님은 그들에게 자신이 "여호와 샬롬"(Jehovah Shalom, 여호와는 평화)과 "여호와 사바오트"(Jehovah Sabaoth, 만군의 여호와)라고 말씀하셨다. "나는 평화다"(삿 6:24). 그리고 "나는 너의 방패다"(시 84:11). 하나님은 그들이 적을 만났을 때 승리를 주셨다.

이스라엘 백성은 부족한 것이 많았다. 스스로 할 수 없는 것이 많았다. 하지만 그들에게는 하나님이 계셨다. 위대하고 스스로 존재하는 자가 계셨다. 전능하신 하나님이 계셨다.

잠시 상상해 보라. 만물을 지으시고 다스리신 한 분 하나님이 정말로 계신다고 상상해 보라. 그분이 지금도 여전히 우리를 성화시키고, 우리의 곁에 항상 계시고, 우리를 인도하시고, 우리에게 필요한 것을 공급하시고, 우리를 치료하시고, 우리를 지켜 주시는 하나님이라고 상상해 보라.

그런 분이 우리의 편이라면 정말 좋지 않겠는가.

물론 그분이 정말로 존재하신다면 말이다.

그래서 성탄절이 중요하다.

우리가 엄두도 낼 수 없는 일을 행하시는 분

명심하라. "한 아들을 우리에게 주신 바 되었는데 … 전능하신 하나님이라"라는 이사야의 말은 언젠가 위대하고 스스로 존재하는 자가 작은 아기로 태어날 것이라는 말이었다. 영원하고, 모든 것이 충만하고, 스스로 있는 자가 아무힘이 없는 아기로서 세상에 들어오실 것이었다.

이것이 첫 성탄절에 관한 성경의 주장이다. 구유 속에서 우리는 단순히 가난한 집안에서 갓 태어난 유대인 아기를 보지 않는다. 우리는 다름 아닌 스스로 있는 자를 본다.

이것은 주장이다. 하지만 과연 사실인가? 쉽게 답을 내릴 길은 없다. 이 사람이 오직 전능하신 신만 행할 수 있는 일을 행할 수 있는가?

시간을 30년 앞으로 빠르게 돌려, 이 아기는 이제 성인이 되었다. 그분이 우리가 '제자'라고 부르는 친구들과 함께 바다에 나가 있는데 무시무시한 풍랑이 닥친다. 제자들 중 상당수는 본업이 어부인 사람들이다. 그래서 배를 어떻게 다

50

루어야 할지 누구보다 잘 안다. 하지만 이번 풍랑은 너무 거대하다. 곧 그들 모두는 목숨을 건지기 위해 사투를 벌인다.

그런데 예수님은 그 소동의 한복판에서 내내 잠들어 계신다. 배가 뒤집힐 듯 요동을 치는 와중에 주무시다니, 이것 자체가 기적이다. 절박해질 대로 절박해진 제자들은 결국 예수님을 깨운다.

> "선생님이여 우리가 죽게 된 것을 돌보지 아니하시나이까?"(막 4:38)

이에 예수님이 눈을 떠서 풍랑을 보고 말씀하신다. "잠잠하라 고요하라." 그 결과는 어떤가?

> "바람이 그치고 아주 잔잔하여지더라"(막 4:39).

예수님은 바람과 파도를 보고서 사실상 이렇게 말씀하셨다. "그만 좀 해라!" 그분은 그렇게 풍랑을 꾸짖으셨다.

꾸짖음은 자신보다 권위가 낮은 상대에게 하는 것이다. 우리는 아이들을 꾸짖는다. "다시는 싱크대에서 오줌을 싸지 마라." 우리는 직원을 꾸짖는다. "다시는 지각하지 마."

그런데 여기 날씨를 꾸짖는 분이 계신다. 그러자 날씨가 그 분의 명령을 듣는다. 그분은 그냥 일어나서 날씨를 잠재우신다.

이 장면을 읽노라면 주차장에서 누군가의 차에서 경고음이 울리는 장면이 떠오른다. 다들 불평하기 시작한다. "도대체 누구 차야?" 이윽고 한 사람이 미안한 표정을 하며 근처 빌딩에서 나온다. "죄송합니다. 제 차에요." 그렇게 말하면서 버튼을 누른다. 삐익! 그 즉시, 경고음이 꺼진다. 바로 이것이 예수님이 하신 일이다. 예수님은 그냥 일어나서 "이건 내 풍랑이다"라고 말씀하신다. 삐익! 풍랑이 걷힌다.

그 풍랑의 한가운데서 그분을 '선생'이라고 부른 제자들은 이제 새로운 종류의 두려움을 얼굴 가득 품고서 서로를 쳐다본다. "그가 누구이기에 바람과 바다도 순종하는가"(막 4:41).

우리는 그들이 방금 본 증거를 놓치지 말아야 한다. 말한마디로 풍랑을 멈출 수 있는 존재는 한 분뿐이다. 바로 전능하신 하나님 여호와, 스스로 있는 자이시다. 예수님은 증거를 통해 이렇게 말씀하고 계신다. "너희에게 아무런 희망이 없을 때 내가 바로 구원자다." 사실 이것이 예수라는 이름의 뜻이다. 이 이름의 히브리어 버전은 '예슈아'(Yeshua)로

'나는 너의 구원자다'라는 뜻이다.

예수님은 단순히 자신이 인간의 몸을 입은 위대하고 스스로 있는 자라고 주장만 하시지 않았다. 그분은 자신이 스스로 말씀하신 분이라는 사실을 증명해 보이셨다. 위대하고도 스스로 있는 자가 존재하는가? 그렇다. 그분은 이 땅에 오셔서 땅 위를 걸으셨고, 역사의 한 페이지에서 풍랑을 잠재우셨다. 그분은 물 위를 걸으셨다. 눈이 먼 자와 귀가 먼 자와 중풍병자를 치유하셨다. 심지어 죽은 자를 다시 살리셨다. 그분은 우리가 엄두도 낼 수 없는 일들을 행하셨다. 그분은 우리와 다른 분이시다. 바로 전능하신 하나님이다.

인생의 답과 소망이 되어 주신 날

자, 성탄절은 하나님에 관한 우리의 질문들에 분명하게 답해 준다. 신은 없는가? 아니면 신은 수없이 많이 존재하는가? 아니면 한 분이신 하나님만 존재하는가? 그렇다면 그 하나님은 어떤 분이신가? 우리가 추측에 의존하지 않기 위한 유일한 길은 그 하나님이 계시다면 그분이 우리 세상 속으로 들어와 자신을 드러내시는 것뿐이다.

그리고 예수님이 이 땅에 오신 사건이 바로 하나님이 우리에게 그렇게 해주신 사건이다.

종교적 선택사항이 너무 많아서 머리가 아픈가? 그렇다면 사복음서 중 하나에서 예수님의 삶에 관해 읽어 보라. "좋다. 예수가 스스로 한 분이신 하나님, 전능하신 하나님이라고 증명할 수 있는지 보자. 스스로 있는 자가 한낱 지어낸 이야기가 아니라 진실인지 한번 보자." 그렇게 말하면서 그분의 주장과 행동에 관해 꼼꼼히 읽고서 판단을 내려 보라.

성탄절에 태어난 아기는 우리에게 분명함만이 아니라 소망도 준다. 그것은 예수님의 말씀이 사실이라면 스스로 있는 자는 단순히 능력이 있는 분이 아니라 우리 가운데 임재하시는 분이기 때문이다. 인생의 모든 시련과 난관과 상심 속에서 그분이 우리 옆에 서 계신다는 사실을 알면 우리의 삶이 얼마나 다르게 보일까? 다음과 같이 말할 수 있으면 어떤 기분이 들까?

'내 마음속 아픔과 상처로 괴로울 때' 예수님은 나를 치유해 주실 수 있다.
'나 스스로 변할 수 없을 때' 예수님은 나를 변화시켜 주실 수 있다.

'내 곁에 아무도 없어 외로울 때' 예수님은 내 곁에 계신다.

'내가 어느 길로 가야 할지 모를 때' 예수님은 나를 인도해 주신다.

'내 힘으로 살아갈 수 없을 때' 예수님이 공급해 주신다.

'내가 패배감에 빠져 있을 때' 예수님이 나를 지켜 주신다.

예수님은 내가 구함을 받아야 할 모든 것에서 나를 구해 주신다. 나는 부족한 것이 많고 스스로 할 수 없는 것이 많지만 예수님은 내게 위대하고도 스스로 있는 자가 되어 주신다.

이 책을 읽고 있는 모든 사람의 공통점 중 하나는 이것이다. 우리는 모두 온갖 종류의 불안과 문제를 안고 있다. 분명 당신도 당신만의 두려움과 문제, 실패, 걱정을 안고 있을 것이다. 성탄절 기간만이라도 그것들을 생각하지 않으려고 애쓰고 있는가? 당신의 삶 속에 아무도 모르는 것들이 있는가? 너무 어둡거나 너무 고통스러워서 차마 스스로도 직시하지 못하는 것들이 있는가? 그리고 이렇게 말하고 있는가? "누가 이 문제에서 나를 도와줄 수 있겠어? 누가 이 문제를 해결해 줄 수 있겠어? 누가 이 헝클어진 상황을 정리해 줄 수 있겠어? 누가 내 문제의 답을 찾아줄 수 있겠어? 아무도 없어."

하지만 예수님은 자신을 "스스로 있는 자"(I AM)라고 말씀하신다.[4]

"어디로 가야 할지 어떻게 알 수 있을까?" 스스로 있는 자가 도와주실 것이다.

"누가 내 편인지 잘 모르겠어." 스스로 있는 자가 당신의 편이시다.

"아무도 내 말을 귀담아듣지 않아." 스스로 있는 자가 들어주신다.

"가정이 무너지고 있는데 누구에게 기대야 할지 모르겠어." 스스로 있는 자가 도와주실 것이다.

"쉰 살이 되어서 이혼했어. 어떻게 다시 시작해야 할까?" 스스로 있는 자가 도와주실 것이다.

"다들 내가 해낼 수 없다고 생각해." 스스로 있는 자가 도와주실 것이다.

"또 실패하면 어쩌지?" 스스로 있는 자가 도와주실 것이다.

"내가 과거의 고통을 마주할 수 있을지 모르겠어." 스스로 있는 자가 도와주실 것이다.

"나는 실수를 너무 많이 저질렀어." 스스로 있는 자가 도와주실 것이다.

"할 수 있는 것은 다 해봤지만 소용이 없어." 스스로 있는 자가 도와주실 것이다.

"그냥 마약 혹은 술에 의지할래." 스스로 있는 자가 도와주실 것이다.

"이번 성탄절에는 버틸 수 없을 것 같아." 스스로 있는 자가 도와주실 것이다.

"이젠 지쳤어." 스스로 있는 자가 도와주실 것이다.

"이젠 다 그만두겠어." 스스로 있는 자가 도와주실 것이다.

"너무 외로워." 스스로 있는 자가 함께해 주실 것이다.

"새로운 출발이 필요해." 스스로 있는 자가 도와주실 것이다.

"나를 붙들어 줄 누군가가 필요해." 스스로 있는 자가 도와주실 것이다.

예수님은 전능자이시다 그분은 우리와 함께하기 위해 오셨고, 늘 우리 곁에 있으며 우리를 아끼신다는 사실을 증명해 보이셨다. 그래서 우리는 부족한 것이 많고 스스로 할 수 없는 것이 많지만 예수님은 우리에게 위대하고도 영원한, 스스로 있는 자가 되어 주신다.

이런 분 말고 다른 분을 편으로 삼기 원하는 사람이 있을까?

4

나의 '영존하시는 아버지'를 기다립니다

우리를
절대 실망시키지 않는
좋은 아버지시다

이 책을 읽는 모든 사람에게서 각기 매우 다른 반응을 끌어낼 단어가 있다. 바로 '아버지'라는 단어이다.

어떤 독자들은 이 단어를 듣고 얼굴에 웃음을 띨 것이다. 훌륭한 아버지를 둔 사람들, 혹은 훌륭한 자녀를 둔 아버지, 혹은 둘 다인 경우가 그렇다. 아버지에 관한 기억을 소중히 여기고 아버지와 함께하는 시간을 즐기는 사람들, 이번 성탄절을 아버지와 함께 보내고 싶은 사람들은 '아버지'라는 단어에 미소를 지을 것이다.

하지만 어떤 독자들에게 이 단어는 미소와 함께 슬픔을 자아낼 것이다. 훌륭한 아버지를 두었지만 그 아버지가 더 이상 곁에 없는 사람들, 아버지에 관한 추억은 아름답지만 아버지의 장례식에 관한 기억도 안고 살아가는 사람들은 이번 성탄절을 아버지와 함께 보내고 싶지만 그럴 수가 없다.

또 다른 독자들에게 이 단어는 온갖 복잡하고 고통스러운 감정을 일으킬 것이다. 울거나 소리를 지르거나 이 책을 덮고 싶을 것이다. 아버지와 좋은 관계를 누리지 못했고, 오히려 아버지로 인해 인생의 가장 큰 고통을 맛보았을 수도 있다. 어쩌면 아버지 없이 자랐을지도 모른다. 아주 어릴 적에 아버지가 당신을 떠났을 수도 있다. 심지어 아버지의 얼굴을 본 적도 없었을지 모른다. 혹은 아버지가 항상 너무 바쁘거나 늘 실망감만 안겨 주었기에 오히려 없는 편이 나았겠다고 생각했을 수 있다.

어쩌면 더 심각한 경우일지도 모른다. 아버지가 아버지로서의 지위를 남용하여 학대했을 수도 있다.

이 마지막 경우라면 아버지의 존재로 인해 지금까지 성탄절에 관한 기억이 좋지 않을 것이다. 그래서 예수님이 "영존하시는 아버지"(Eternal Father)라는 이사야의 말이 별로 도움이 되지 않을 것이다.

우리 교회의 한 교인이 아버지와의 나쁜 관계 때문에 하나님을 '아버지'라 부르기 힘들었던 일에 관해서 다음과 같은 훌륭한 글 한 편을 썼다.

"나는 교회에 다니는 다른 친구들처럼 아버지라는 말을 자연스럽게 입에 담지 못했다. 아버지가 집에 있는 날이면 늘 상처를 받았는데 어떻게 두려움 없이 하나님께 나아갈 수 있겠는가? 아버지가 나보다 더 사랑하는 뭔가 혹은 누군가를 찾아 집을 떠났는데 내가 어떻게 하나님의 사랑과 신실하심을 이해할 수 있을까? 아버지가 나를 안아주기는커녕 폭력을 가했는데 하나님이 어떻게 나를 보호하는 강한 요새일 수 있는가?"[5]

이것이 '아버지'라는 단어가 그토록 다양한 반응을 이끌어 내는 이유다. 이 단어에 웃음이 나온다면 당신의 아버지에 관한 가장 좋은 점들은, 예수님이 '영원히 존재하시는 아버지'이신 것이 얼마나 좋은지를 보여 주는 작은 맛보기에 불과하다는 것을 알아야 한다. 이 단어에 눈살이 찌푸려진다면 예수님이 진정한 부자 관계를 제시하고 계신다는 점을 알아야 한다. 당신이 필요로 하지만 경험한 적이 없는 부자 관계를 예수님이 제시하고 계신다.

수년 전 스테판 폴터(Stephan Poulter)가 쓴 《아버지》(*Father Factor: How Your Father's Legacy Impacts*)라는 매우 흥미로운 책을 읽은 적이 있다. 물론 아버지의 유산은 우리의 경력에만 영향을 미치지 않는다. 그것은 우리 삶 전체에 영향을 미치고 하나님을 바라보는 우리의 시각에 영향을 미친다. 유명한 심리학자 지그문트 프로이트(Sigmund Freud)는 이렇게 말했다.

"젊은 사람이 아버지에 대한 존경심을 잃어버릴 때만큼 하나님에 대한 믿음을 잃어버리기 쉬운 때는 없다." 그래서 이번 장에서는 스테판 폴터가 자신의 책에서 소개한 아버지의 네 가지 잘못된 유형을 살펴보고자 한다. 그리고 각 유형에 대해 예수님이 어떻게 다른 종류의 관계를 제시하시는지, 나아가 어떻게 다른 아버지가 되어 주시는지를 확인해 보자.

절대 만족할 줄 모르는 아버지

첫 번째 유형의 아버지는 자녀가 무엇을 해도 자랑스러워하지 않는 아버지다. 자녀가 아무리 잘해도 성에 차지 않는 아버지다.

한 친구에게서 자신의 아버지가 이와 같다는 말을 들었던 기억이 난다. 그녀의 아버지는 가혹하거나 학대를 일삼지는 않았다. 그는 자식을 열심히 부양했다. 가족을 버린 적도 없었다. 하지만 친구는 이렇게 말했다. "아버지에게서 '네가 자랑스럽구나'라는 말을 들어본 적이 없어. 나는 그 말을 항상 갈망했는데 말이야."

그 친구는 가족 중에 대학에 진학한 첫 인물이었다. 그녀는 뛰어난 성적을 거두어 모두의 기대를 뛰어넘었다. 졸업식이 다가오자 그녀는 한 가지를 꿈꾸었다. 단상으로 올라가 상을 받고 학우들의 박수갈채를 듣는 것이 아니었다. 그녀는 자신이 단상에서 내려갈 때 아버지가 인파를 뚫고 자신에게 달려와 꼭 안고 얼굴이 눈물범벅이 된 채로 "얘야, 너를 얼마나 사랑하는지 모른단다. 네가 정말 자랑스럽구나!"라고 말해 주는 꿈을 꾸었다.

졸업식 날이 되자 그녀가 꿈꾸었던 일이 실제로 벌어졌다. 그녀가 단상에서 내려오자 인파를 뚫고 달려오는 아버지가 보였다. 하지만 아버지의 입에서 나온 말은 기대 밖이었다. "야, 늦었다. 차가 더 막히기 전에 빨리 집에 가자." 그것이 다였다. 그녀의 아버지는 그 말만 하고서 몸을 돌렸다.

그녀는 완전히 무너져 내렸다. 오랜 세월이 흘러 그녀는 그 사건이 일을 대하는 태도와 남편과의 관계, 친구들에 대한 기대까지 모든 면에서 여전히 악영향을 미치고 있다고 말했다.

이런 집에서 자란 아이들에게는 남들에게 자신을 증명해 보이는 것이 인생에서 가장 중요한 일이 되고 만다. 그리고 이런 태도를 하나님과의 관계로까지 가져간다. 그들은 무엇을 하든 남몰래 의심을 품고 속으로 묻는다. "내가 예수님이 받아 주실 만큼 할 일을 충분히 했을까? 예수님이 정말로 나를 사랑하실까?"

하지만 예수님은 절대 만족할 줄 모르는 아버지와 완전히 다른 분이시다. 하나님이 그분을 사랑하는 자들을 어떻게 대하시는지 들어보라.

> "여호와가 … 너로 말미암아 기쁨을 이기지 못하시며 너를 잠잠히 사랑하시며 너로 말미암아 즐거이 부르며 기뻐하시리라"(습 3:17).

누군가에게 특별한 사람이 되기를 갈구하고 있는가? 누군가에게 소중한 사람이고 싶은가? 하나님께 당신은 특별하고 소중하다. 중요한 사람이기를 갈망하고 있는가? 당신은 하나님께 중요한 존재다. 하나님이 당신을 얼마나 사랑하시고 당신에 관한 생각을 얼마나 자주 하시는지 알고 싶은가? 세상 누구도 당신에 관해 알기 전에 하나님은 당신을 만들고 당신의 모든 날을 계획하셨다. 그리고 당신의 삶 속에서 그분이 함께하시지 않은 날은 단 하루도 없다. 당신을 향한 그분의 사랑은 그 어떤 사람이 육신의 아버지에게서 받은 사랑보다 훨씬 더 깊고 크고 넓다.

시한폭탄 아버지

두 번째 유형의 아버지는 언제 어떻게 나올지 종잡을 수 없는 아버지다.

회사에서 안 좋은 일이 있는 날이면 이 아버지는 지극히 사소한 일에도 폭발한다. 마약을 하거나 술을 마신 날이면 더 심하게 발작한다. 이 아버지는 자녀에게 언어적으로, 정서적으로, 육체적으로 상처를 준다. 아버지가 언제 공격을 시작할지 몰라 불안하면 그런 아버지를 사랑하기는 어렵다. 이런 경험을 하면 '하나님 아버지의 사랑'이라는 더 큰 개념을 받아들이는 게 더더욱 어렵다. 항상 폭발하는 아버지 밑에서 자란 사람에게 하나님 아버지의 사랑이란 도무지 이해할 수 없는 개념이다.

스테판 폴터는 여기서 비롯하는 부정적인 영향이 여러 가지라고 말한다. 정말 많은 종류의 불안장애가 이런 아버지로 인해 시작된다. 예를 들어, 폴터에 따르면 이런 아버지 밑에서 자란 아이들은 통제광이 되는 경우가 많다. 아버지가 폭발하면 그들의 삶은 무너졌고, 그들은 그 일을 막을 힘이 없었다. 그래서 힘을 얻자마자 다시는 무기력해지지 않기로 결심한다. 아버지를 통제할 수는 없었지만 자신의 남은 삶은 어떻게든 통제하려고 한다.

물론 시한폭탄 아버지에 관한 경험은 하나님이 아버지이시라는 관념에 대한 반응에 영향을 미친다. 그런 아버지 밑에서 자란 사람은 그분을 믿거나 그분에게 자신의 상황을 맡기는 데 어려움을 겪는다. 그분이 실제로 자신을 돌봐줄 것이라고 믿지 못한다. 그분이 기분이 나빠지면 상황이 어떻게 변할지 모른다고 생각한다. 육신의 아버지에게 그랬던 것처럼 그분의 심기를 건드려서 폭발시키지 않도록 최대한 조심한다. 뭔가를 잘못하면 '이제 어떻게 될까?'라고 생각하며 불안해한다. 삶 속에서 일이 잘 안 풀리면 '내가 무슨 잘못을 했을까? 하나님이 무엇 때문에 화가 나셨을까?'라며 불안해한다.

하지만 예수님은 시한폭탄 아버지와 완전히 다른 분이시다. 모세가 하나님이 어떤 분이신지 보여 달라고 요청하자 하나님은 자신의 성품을 다음과 같이 묘사하셨다.

"자비롭고 은혜롭고 노하기를 더디 하고 인자와 진실이 많은 하나님이라"(출 34:6).

하나님은 사랑하기에 빠르시고 노하기에는 더디시다.

그리고 하나님의 성품은 절대 변하지 않는다. "예수 그리스도는 어제나 오늘이나 영원토록 동일하시니라"(히 13:8). 그분의 반응은 상황에 따라 달라지지 않는다. 그분은 내일도 2천 년 전에 반응했던 것과 똑같이 반응하실 것이다. 그분은 긍휼과 인자가 항상 충만하시다. 물론 그분도 분노하신다. 하지만 그 분노는 변덕스러운 감정이 아니다. 자신보다 약한 자에게 쏟아붓는 분노가 아니다. 그분이 분노하시는 것은 언제나 정의를 위해서다. 그릇된 대우를 받는 "작은 자"를 위해서다(마 18:6). 그분의 분노는 무작위적이거나 통제 불능인 감정이 아니다.

"노하기를 더디 하는"으로 번역된 히브리어 단어는 '콧구멍이 긴'이란 뜻이다. 히브리어에서 분노를 종종 코와 관련된 비유로 표현한다. 생각해 보라. 화가 나면 코를 벌렁거리며 숨을 거칠게 쉬기 시작한다. 그때 흥분을 가라앉히려면 어떻게 해야 할까? 심호흡을 해야 한다. 코를 통해 숨을 천천히, 길게 쉬어야 한다. 하나님은 콧구멍이 긴 분이시다. 즉 차분하고 사려 깊고 노하기에는 시간이 오래 걸리는 분이다.

하나님이 그분의 백성에게 하시는 행동 중에 분노로 하시는 행동은 전혀 없다. 심지어 고통스러운 일이 일어나도록 허락하실 때도 언제나 그분을 사랑하는 자들의 유익을 위해서 그렇게 하신다. 하나님이 그분의 백성들에게 하시는 행동은 하나도 빠짐없이 그들의 유익을 위해 사랑과 자비로 하시는 행동이다.

그래서 우리는 그분을 믿고 의지할 수 있다. 그분의 사랑에는 그 어떤 조건도 없다. 굳이 따지자면 우리가 아버지처럼 사랑해 달라고 요청하는 것이 유일한 조건이라면 조건일 것이다. 그분은 짜증 섞인 화가 없으시다. 그분은 발끈하시는 법이 없으며, 그분의 기준은 절대 바뀌지 않는다. 그래서 우리는 그분을 믿고 의지할 수 있다.

냉담한 아버지

세 번째 유형의 아버지는 가족을 한결같이 잘 부양하는 아버지다. 가족을 버리거나 학대할 생각은 꿈에도 하지 않는다. 하지만 "사랑해"라는 말은 절대 하지 않는다.

미국의 전설적인 스포츠 선수인 보 잭슨(Bo Jackson)은 지금까지 야구와 미식축구 모두에서 올스타 선수로 뽑힌 유일한 사람이다. 그를 역사상 가장 위대한 운동선수로 꼽는 이

들도 있다. 실제로 그럴지도 모른다. 하지만 그런 성과도 아버지와의 관계에서 비롯한 공허함은 채워 주지 못했다.

> "나의 아버지는 내가 뛰는 미식축구나 야구 경기를 보러 오신 적이 없다. 단 한 번도. 상상이 가는가? 지금 나는 미국 최고의 선수다. 그런데 경기가 끝나면 라커룸에 앉아, 모든 팀 동료가 그곳으로 찾아온 아버지와 음료수를 마시며 담소를 나누는 모습을 부러워하고 있다. 나는 그런 경험을 한 번도 해본 적이 없다."[6]

사랑을 표현할 줄 모르는 아버지 밑에서 자란 사람은 남들에게 사랑을 표현하는 것에 어려움을 느낀다. 아버지에게 속내를 열어 보이지 못하는 사람은 누구에게도 자신을 열지 못하는 경우가 많다. 이런 아버지를 둔 사람들은 고난을 만나면 혼자서 힘들어하는 경향이 있다. 성격이 외향적이라 지인이 많아도 속 깊은 이야기를 나눌 진정한 친구는 없을 수 있다. 그리고 안타깝게도 자신도 자녀들에게 그런 부모가 되는 경우가 많다.

예수님은 그렇지 않으시다. 우리가 이미 본 그분의 모습을 생각해 보라. 그분은 하늘을 떠나 이 땅에서 가난하게 사셨다. 왜일까? 우리의 놀라운 카운슬러가 되기 위해서였다. 그분은 우리가 그분을 알 수 있도록 이 땅에 오신 전능자 하나님이시다. 무엇이 그분으로 하여금 그토록 힘든 여행에 뛰어들게 했을까? 바로 사랑이다. 우리를 향한 사랑 때문에 그 힘겨운 일을 선택하셨다.

예수님은 방황하는 아들을 둔 한 아버지의 이야기를 전해 주셨다. 그 아들은 유산을 미리 받아 아버지에게 등을 돌리고 가족의 집을 떠났다. 오랜 시간이 흐른 뒤 그가 집으로 돌아가기로 결심했을 때 어떤 일이 벌어졌는가?

"아직도 거리가 먼데 아버지가 그를 보고"(눅 15:20).

이 구절은 사소한 부분처럼 보이지만 사실은 이 아버지에 관해 많은 것을 말해 준다. 그는 매일 집 앞에 서서 먼 곳을 바라보며 아들이 지평선 위로 나타나기만 간절히 기다렸다. 그는 이대로는 살아갈 수 없었다. 지평선 위에서 눈을 뗄 수 없었다. 자신의 아들과 감정적으로 너무 깊이 연결되어 있었기 때문이다. 그는 아들이 회복될 때까지 편히 쉴 수 없었다.

그러던 어느 날, 아들이 지평선 위로 나타나자 이 아버지는 "측은히 여겨 달려가 목을 안고 입을 맞추니." 그는 옷소매를 접어 올리고서 아들에게로 달음질했다. 당시에 지체 높은 양반들은 뛰지 않았다. 하지만 이 아버지는 남들의 이목 따위는 개의치 않았다. 그는 아들을 집으로 데려가기 위해 기꺼이 조롱과 수치를 받아들였다. 그는 그만큼 자신의 아들과 깊이 연결되어 있었다.

이 이야기에서 예수님은 "나는 이 아버지와 같다"라는 메시지를 전하고 있다.

여기에 놀라운 사실이 있다. 전능하신 하나님은 감정적으로 우리와 너무도 깊이 연결되어 있어서 우리를 집으로, 가족의 품으로 다시 데려오기 전까지 편히 쉬시지 못한다. 그만큼 우리를 사랑하신다. 그만큼 우리와 함께 시간을 보내기를 원하신다. 실제로 그분은 우리와 영원을 함께 보내기 위해 필요한 모든 일을 행하셨다.

곁에 없는 아버지

네 번째 유형은 곁에 없는 아버지다.

미국에서 아이들의 약 40퍼센트는 아버지 없는 집에서

살고 있다. 이런 상황에서 아이들은 대부분 무의식적으로 아버지의 부재를 개인적인 거부로 해석한다. 아버지가 자녀인 자신을 위해 집에 머물 만큼 자신이 중요한 존재가 아니었다고 생각한다. 혹은 자신이 충분히 착하게 굴지 않아서 아버지가 떠났다고 생각한다. 대놓고 그렇게 말하지는 않는다. 그리고 누구도 그들에게 그렇게 말하지 않는다. 하지만 속으로 늘 그런 생각을 하고 있다.

상담자들은 이런 생각이 대개 그 사람의 배경에서 슬픔으로 표출된다고 말한다. 내가 섬기는 교회의 상담 목사인 브래드 햄브릭(Brad Hambrick)은 이것이 마음 한쪽 구석에서 연주되는 사운드트랙과도 같다고 말한다. 영화의 한 장면을 볼 때 사운드트랙이 흐르면 우리는 본능적으로 그 장면을 그 사운드트랙에 따라 해석한다. 행복한 연인이 공원을 거니는 장면을 보고 있었더라도 그와 상관없이 위기 상황을 암시하는 사운드트랙이 나오면 우리는 끔찍한 상황을 예상하게 된다. 사운드트랙을 바꾸면 분위기도 바뀐다.

아버지 없이 자란 사람들의 삶 속에서는 항상 표면 아래서 슬픈 사운드트랙이 흐른다. 일이 잘 풀리는지 아닌지는 상관없다. 깊은 무의식 속에는 곧 사건이 터지기 직전의 장면이 흐른다.

아버지의 부재는 우리를 분노하거나 걱정하게 만든다. 우리는 더 나아지고 더 잘해서 자신을 증명해야 한다는 압박감을 느낀다. 윌 스미스(Will Smith)는 시트콤 〈더 프레시 프린스 오브 벨 에어〉(The Fresh Prince of Bel-Air)의 가장 유명한 회차에서 그런 압박감을 표현했다. 그는 아버지가 또다시 자신을 떠나자 이렇게 말한다.

> "아버지 따위는 필요 없어. 아버지는 슛하는 법을 가르쳐 주지 않았지만 내가 알아서 배웠어. 아버지 없이도 첫 데이트를 잘 해냈어. 운전하는 법도, 면도하는 법도, 싸우는 법도 아버지 없이 혼자 배웠어. 아버지 없이도 14번의 멋진 생일을 보냈어. … 그때도 아버지는 필요 없었고 지금도 필요하지 않아. … 아버지 없이도 대학을 무사히 마칠 거야. 아버지 없이도 좋은 직장에 들어갈 거야. 아버지 없이도 예쁜 여자와 결혼해서 자녀도 많이 낳을 거야. 아버지 따위는 필요 없어. … 어떻게 이런 멋진 나를 원하지 않을 수가 있지?"

이제 예수님의 말씀을 들어보라. 그분은 우리에게 찾아오셔서 우리 곁에 머무셨다. 그분은 딱 한 번 친구들을 떠나셨지만 그것은 어디까지나 십자가에 매달리기 위해서였다. 심지어 그때도 그분은 왜 떠나는지를 분명히 밝히셨다. 그분은 죽음 너머의 영원한 삶에 관해 다음과 같이 말씀하셨다.

> "내가 너희를 위하여 거처를 예비하러 가노니 가서 너희를 위하여 거처를 예비하면 내가 다시 와서 너희를 내게로 영접하여 나 있는 곳에 너희도 있게 하리라"(요 14:2-3).

그뿐 아니라 예수님은 돌아가신 뒤에도 육체적으로는 아니지만 성령을 통해 영적으로 돌아와 다시 그들과 함께 살 것이라고 그들을 안심시키셨다. 그분은 이렇게 약속하셨다. "내가 너희를 고아와 같이 버려두지 아니하고 너희에게로 오리라"(요 14:18). 히브리서 13장 5절은 이렇게 표현한다. "내가 결코 너희를 버리지 아니하고 너희를 떠나지 아니하리라."

바로 이런 분이 우리가 모두 갈망하는 아버지다. 예수님은 우리를 이런 관계로 부르기 위해 태어나셨다. 바로 이런 분이 우리가 내내 찾아왔던 아버지다.

그리고 우리가 이 아버지를 발견하면 이 아버지는 영원

히 우리 곁에 계신다. 끔찍한 아버지를 둔 사람이든 정말 좋은 아버지를 둔 사람이든 이 아버지가 필요하다. 최고의 아버지도 결국 죽기 때문이다. 아버지는 영원히 우리 곁에 머물 수 없다. 그리고 좋은 아버지일수록 떠나고 남은 공백은 더 크다. 이번 성탄절에는 식탁에 당신의 아버지가 없을지도 모른다. 그때 이 말의 진실을 뼈저리게 느낄 것이다. 그래서 우리 모두에게 '영존하시는'이라는 단어가 귀하다. 예수님은 우리를 떠나지도 실망시키지도 우리에게 상처를 주지도 않으신다. 그분은 죽지 않으신다. 영존하신다.

아버지께서 찾아오셨다

몇 년 전 우리의 친구인 라이언(Ryan)과 모건(Morgan) 부부는 다른 나라의 한 고아원에서 한 아이를 입양했다. 그 나라에서 모든 법적 절차를 마치고 찰리(Charlie)는 그들의 아들이 되었다.

하지만 그들이 찰리를 고아원에서 데리고 나가기 전날 밤, 상황이 바뀌었다. 정치적 변혁이 일어나 입양 절차가 완전히 중단되었다. 더 이상 어떤 아이도 그 나라를 떠날 수 없게 되었다.

어린 찰리는 라이언과 모건이 있는 곳으로 올 수 없었다. 그래서 그들은 찰리에게 가기로 결심했다. 미국에서 비행기를 타고 그 나라로 날아가 고아원 밖에서 야영 생활을 했다. 하루의 절반은 아들과 시간을 보냈고, 나머지 절반은 법원에 호소하고 정부 관리들을 만나 아들을 보내 달라고 간청했다.

몇 주 뒤 아내 모건은 집으로 돌아갔지만 라이언은 그곳에 남았다. 당시는 성탄절 기간이었다. 그곳은 그가 성탄절을 보내고 싶은 곳이 아니었다. 집과 가족에게서 멀리 떨어진 채 쓸쓸하게 성탄절을 보내고 싶지는 않았다. 하지만 그는 아들을 너무 사랑하는 아버지였다. 아들이 그에게로 올 수 없었기 때문에 그는 아들에게로 갔고 아들을 찾기 위해서 싸웠다. 사투가 몇 주 더 이어졌지만 결국 라이언은 아들 찰리를 집으로 데려갈 수 있었다.

그 성탄절에 라이언이 세상의 반대편에서 부패한 법원과 싸우고 있을 때 그가 '영존하시는 아버지'를 닮았다는 생각이 들었다. 예수님은 요청하는 모든 사람에게 그런 아버지가 되어 주신다. 그분은 라이언이 아들을 위해 간 것보다 훨씬 더 먼 여행을 하여 우리에게로 오셨다. 그분은 단순히 부유한 나라를 떠나 가난한 나라로 가신 것이 아니었다. 그분은 풍요로운 천국을 떠나 고통의 세상 속으로 들어오셨다. 그것은 우리를 사랑하시기 때문이다. 우리와 함께하기를 원하시기 때문이다. 예수님은 우리가 그분과 함께 갈 수 있도록 하기 위해 우리에게로 오셨다. 그러기 위한 대가는 항공료 정도가 아니었다. 그것과는 비교할 수 없이 큰 희생이 따랐다. 다음 장에서 이 주제를 살펴볼 것이다.

예수님은 영존하시는 아버지이시다. 아무리 좋은 육신의 아버지라 해도 우리를 향한 그분의 사랑은 흉내조차 낼 수 없다. 그리고 육신의 아버지가 아무리 실망스러웠어도 우리에게는 우리를 한 번도 실망시키지 않았고 앞으로도 절대 실망시키지 않을 분이 계신다. 그분이 영원히 완벽한 아버지처럼 당신을 사랑해 주겠다고 말씀하신다.

5

나의 '평강의 왕'을 기다립니다

우리를 하나님과
화목하게 하시려
죽으시다

바트 어만(Bart Ehrman)은 복음서들이 예수님에 관해 말하고 있는 바를 탐구하여 부를 쌓은 미국의 베스트셀러 작가다(특히 기독교 교리와 성경의 권위에 대해 의문을 제기하며 보수적 기독교인들과 논란을 일으킨 적이 있다-역주). 그와 나는 둘 다 노스캐롤라이나주 롤리-더럼 지역에서 살고 있기 때문에 그의 강연에 참석한 적이 있었다. 한번은 그가 이런 질문을 받았다. "어떻게 하면 예수님을 믿을 수 있습니까?"

그의 답은 단순하면서 큰 깨달음을 주었다.

"예수님이 세상에 평화를 가져다주겠다는 약속을 지키셨다면 그분을 믿을 수 있습니다."

여기서 많은 사람이 예수님에 관해서 제기하는 한 가지 문제점이 있다. 그분은 '평강의 왕'이셔야 하는데 전혀 평화를 이루지 못하신 것처럼 보인다는 점이다. 그분이 태어나셨을 때 천사들은 그분이 "땅에서 … 평화"를 이루실 것이라는 유명한 합창을 했다(눅 2:14). 하지만 2천 년이 지난 지금까지도 총성은 아직 조용해지지 않았다. 심지어 성탄절에도 곳곳에서 총성이 울리고 있다. 우리가 생각하는 것보다 훨씬 더 많은 가정에서 다툼과 가정폭력이 벌어지고 있다. 가난은 전 세계 수천만 명의 사람들을 괴롭히고 있다. 우리 사회의 많은 곳에서 여전히 매일같이 불의가 자행되고 있다.

그렇다면 예수님은 왜 이사야가 붙인 평강의 왕이라는 호칭의 약속을 지키지 않으신 것인가? 이 땅에 평화를 가져오는 것은 너무 버거운 일이었을까?

사실 우리가 평화를 그런 식으로 생각하는 것은 이사야가 머릿속에 그린 것보다 훨씬 작은 뭔가를 생각하기 때문이다.

예수님이 오신 이유

내가 살면서 깨달은 것이 하나 있다. 내가 목회하는 교회에서 수백 번은 목격한 것이다. 수평적인 문제의 원인은 대개 하나님과의 수직적인 단절로 거슬러 올라간다는 것이다. 다시 말해, 우리의 삶과 세상 속에서(우리 삶의 수평적 측면) 하나님의 평화를 볼 수 없는 것은 우리가 하나님과의 평화(수직적 측면)를 누리지 못하고 있기 때문이다.

우리의 가장 큰 관계적 문제는 하나님과의 관계가 없다는 것이다. 우리의 가장 큰 빈곤은 하나님을 알지 못하는, 영적 빈곤이다. 가장 큰 불의는 우리, 즉 당신과 내가 우리와 이 세상을 지으시고 우리와 함께 살기 위해 우리 곁으로 오기까지 우리를 사랑하시는 분을 대해 온 방식이다.

자, 당신에게 묻고 싶다. 당신 삶 속의 모든 문제가 궁극적으로 당신이 하나님에게서 분리되었다는 현실에서 비롯한 것은 아닌가? 최소한 그 현실이 당신의 문제를 악화시킨 것은 아닌가?

우리 시대에 가장 통찰력이 깊거나 영향력이 높은 세속의 작가들은 우리의 많은 노력과 분노, 기능 장애가 자신이 받아들여지지 않았다는 두려움에서 비롯한다고 지적했다. 《세일즈맨의 죽음》(*Death of a Salesman*)을 쓴 유명한 극작가 아서 밀러(Arthur Miller)는 십 대 시절에 신앙을 떠났다. 하지만 수십 년 뒤에 다음과 같이 말했다.

"나는 비난을 받고 있다는 생각을 품고 살았던 것 같다.

그 생각을 떨쳐 낼 수 없었다. 여전히 남들에게 나 자신을 증명해 보여야 한다고 생각했다. 누군가에게 내가 괜찮다는 말을 들어야 했다. 나를 받아 줄 수 있다고, 나를 인정한다고 말해 줄 사람이 필요했다."

밀러는 성탄절의 하나님을 청중의 인정이라는 '신'과 바꾸었다. 그는 자신을 비난하지 않고 받아 줄 사람을 찾고 있었다. 하지만 결국 그런 사람을 찾지 못했다.

마돈나(Madonna)는 〈베니티 페어〉(*Vanity Fair*)지와의 인터뷰에서 다음과 같이 말했다.

"내 모든 노력은 언제나 내가 부족하다는 끔찍한 생각을 떨쳐 내기 위한 것이었어요. 항상 그런 두려움에 시달렸어요. … 나의 모든 노력은 평범한 수준에 머물지 모른다는 이 끔찍한 두려움에서 나와요. 이 두려움이 항상 나를 밀어붙이고 있어요. 심지어 이제 나름 성공했는데도 내 성공을 증명해 보여야 한다는 압박감에 여전히 시달리고 있어요. 내 문제는 끝나지 않았어요. 어쩌면 평생 끝나지 않을지도 몰라요."[7]

우리는 모두 자신을 받아 줄 누군가를 찾고 있다. 특히 우리는 가장 중요한 분, 우리를 지으시고 아시며 영원히 다스리시는 분이 우리를 받아 주시기를 마음 깊은 곳에서 갈구하고 있다. 우리는 하나님과의 평화를 간절히 원하고 필요로 한다.

사실 이는 우리가 생각하는 것보다 더 큰 문제다. 우리는 모두 하나님과 충돌하는 삶을 추구해 왔다. 우리는 그분이 만사를 다스리는 것을 원치 않는다. 우리는 그분을 필요로 하는 것을 원치 않는다. 우리는 그분이 규칙을 정하는 것을 원치 않는다. 우리는 그분이 찬사를 받는 것을 원치 않는다. 우리는 스스로 만사를 통제하기를 원한다. 우리는 그분을 떠나 독립적으로 살기를 원한다. 옳고 그름을 스스로 결정하기 원한다. 스스로 찬사 받기를 원한다.

이런 태도를 성경은 '죄'라고 부른다. 이는 스스로 종교적이라고 생각하든 생각하지 않든 상관없이 모든 인간의 공통적인 상태다. 믿지 못하겠다면 24시간 동안만 하나님이 성경에서 제시하신 방식대로 살려고 노력해 보라. 행동만이 아니라 말과 생각도 그렇게 하려고 해보라. 나는 할 수 없다. 당신도 할 수 없다는 것을 깨달을 것이다.

아이러니하게도 우리는 더 많은 자유와 인정과 수용을

얻기 위해 하나님을 떠난다. 하지만 그렇게 해서 얻는 것은 정반대의 것들이다. 하나님을 차단하면 불안과 수치를 느낀다. 비난받는 것만 같다. 어둠 속에 있는 기분이 든다. 항상 더 많은 뭔가를 찾지만 계속해서 찾지 못한다. 마돈나처럼 우리의 문제도 끝나지 않았고 영원히 끝나지 않는다.

우리는 하나님께 사랑을 받고 받아들여지도록 창조되었다. 그분과의 평화 속에서 살도록 창조되었다. 하지만 우리는 그분의 세상 속에 살면서도 그분을 잘못 대했다. 그렇다면 어떻게 해야 그 평화를 회복할 수 있을까?

답은 용서다.

그리고 이는 예수님이 오신 이유다. '평강의 왕'(Prince of Peace)이라는 그분의 호칭이 가리키는 것이다. 하나님은 그분께 반역하는 어두운 세상 속으로 한 아기를 보내셨다. 그 아기는 가장 비범한 삶을 사셨다. 그분은 하나님의 아들에게 어울리는 권력자와 특권층의 집안에서 태어나시지 않았다. 그분은 보좌에서 다스리시지 않았다. 그분은 가난 속에 태어나셨다. 그분은 죄인과 억압받는 자들과 함께 사셨다. 그리고 그 누구도 그분의 말이나 행동에서 그 어떤 잘못도 찾아낼 수 없었지만 결국 그분은 범죄자로 누명을 쓰고 부당한 죽임을 당하셨다.

비극적인 결말처럼 들리지만 전혀 그렇지 않았다. 이는 하나님이 정하신 결말이었다. 구약은 하나님의 아들이 무엇을 이루실지에 관한 이미지로 가득하다. 그중에서도 이사야서는 가장 생생한 이미지 중 하나를 보여 준다.

> "그가 찔림은 우리의 허물 때문이요 그가 상함은 우리의 죄악 때문이라 그가 징계를 받으므로 우리는 평화를 누리고 그가 채찍에 맞으므로 우리는 나음을 받았도다"(사 53:5).

이것이 예수님이 태어나고 돌아가신 목적이다. 즉 그분은 우리가 하나님과 평화를 누리기 위해 필요한 벌을 대신 받기 위해 태어나고 돌아가셨다. 성탄절은 언제나 부활절로 이어진다. 따라서 성탄절의 핵심을 이해하려면 부활절을 봐야 한다.

용서에는 언제나 대가가 따른다

하지만 내가 동남아시아에서 살 때 한 이슬람교도에게 받았던 질문처럼, 왜 하나님은 우리의 죄를 용서하기 위해 누군가의 죽음이 필요했을까?

그 이슬람교도는 이렇게 물었다. "당신이 내게 죄를 지었고 내가 당신을 용서하고 싶다고 합시다. 그러면 나는 당신을 용서하기 전에 당신의 개를 죽이지는 않을 겁니다. 그런데 왜 하나님은 용서를 위해 어떤 식으로든 희생을 요구하시는 겁니까?"

그때 나는 다음과 같이 대답했다.

우리가 누군가를 용서한다는 것은 그가 저지른 잘못에 대한 대가를 우리가 감당한다는 뜻이다. 당신이 내 차를 훔쳐서 망가뜨렸는데 수리비를 지불할 돈도 없고 보험도 들지 않았다고 해보자. 내가 할 수 있는 선택들에는 어떤 것이 있을까?

어떻게든 당신이 수리비를 지불하도록 만들 수 있다. 당신을 경찰서로 끌고 가고 소송을 걸 수 있다. 당신이 내 백만 달러짜리 페라리 스포츠카(물론 내게 그런 스포츠카는 없다)를 훔칠 만큼 어리석다면 갚을 능력이 없을 테니 평생 나의 채

무자로 살아야 할 것이다.

　하지만 다른 선택도 있다.

　내가 당신을 용서해 줄 수도 있다. 내가 "당신을 용서한다"라고 말한다면 무엇을 선택하는 것인가? 그것은 그냥 당신의 마음을 편하게 해주는 것이 아니다. 당신의 잘못에 대한 대가를 내가 감당하기로 선택하는 것이다. 당신에게 자동차 수리비를 치르게 하지 않는다면 내가 감당해야 한다. 당신이 내게 저지른 잘못에 대해 내가 책임을 지는 것이다. 이제 당신은 갚아야 할 빚이 없다. 내야 할 돈이 원래 없기 때문이 아니라 내가 그 돈을 냈기 때문이다.

　그뿐 아니라 그건 당신이 저지른 잘못으로 인한 고통을 나 혼자 감당하기로 선택하는 것이다. 나는 이렇게 말할 권리가 있다. "이제 우리는 친구가 될 수 없다. 당신은 더 이상 우리 집에 들어올 수 없다." 하지만 용서는 그렇게 말하지 않고 당신에게 우정의 손을 내밀어 받아 주기로 선택하는 것이다. 당신은 정반대의 대접을 받아 마땅하지만 말이다.

　용서는 언제나 이런 식으로 이루어진다. 즉 언제나 대가가 따른다. 누군가를 용서하는 것은 잘못한 사람에게 대가를 치르게 하지 않고 스스로 대가를 치르는 것이다.

　바로 이런 용서가 전능하신 하나님인 예수님이 행하신

것이다. 예수님이 인간으로 이 땅에 와서 사시다가 나무 십자가에서 범죄자처럼 죽음을 맞으신 것이 바로 용서의 대가였다.

예수님이 우리를 대신해 빚을 갚으시다

십자가 위에서 전능하신 하나님은 우리가 그분의 규칙을 어기고 그분의 사랑을 거부한 죄에 대한 고통과 형벌을 스스로 감당하셨다. 하나님은 이렇게 말씀하셨다. "여기서 끝을 내자. 너는 벌을 받아 마땅하지만 내가 감당할 것이다. 너는 나와의 관계에서 끊어져야 마땅하지만 내가 감당할 것이다. 너는 환영받을 자격이 없지만 내가 너를 환영하고 받아 줄 것이다."

그래서 예수님은 돌아가실 때 이렇게 외치신 것이다. "나의 하나님, 나의 하나님, 어찌하여 나를 버리셨나이까"(마 27:46). 그 순간 예수님은 지옥을 통과하고 계셨다. 지옥은 하나님의 사랑에서 완전히 끊어지는 것이기 때문이다. 우리는 하나님에게서 등을 돌린 탓에 그런 운명을 향해 가고 있었다. 하지만 하나님이 우리를 대신해 그런 운명을 맞으셨다. 하나님이 하나님에게서 분리되셨다.

어떻게 이런 일이 가능할까? 하나님이 성부와 성자와 성령의 세 '위'로 이루어진 한 분 하나님이시기 때문이다. 우리는 하나님에 관한 이 진리를 '삼위일체'라 부른다. 이 진리를 몇백 개의 단어를 사용해 제대로 기술하는 것은 불가능하다. 아니, 이 진리를 완전히 이해하려고 하면 우리 머리가 폭발할 것이다. 하지만 한 가지는 이해할 수 있다. 삼위일체는 하나님이 영원 전부터 성부와 성자와 성령으로서 완벽한 관계를 누려 온 관계의 하나님이시라는 뜻이다. 성부께서는 영원 전부터 항상 성자와 성령을 사랑하셨고, 두 분도 사랑으로 보답하셨다.

십자가 위에서 "그가 징계를 받으므로 우리는 평화를 누리"게 되기 전까지는 말이다. 바로 이것이 하나님의 아들 예수님이 우리를 집으로 데려가기 위해 치르신 대가다. 이것이 성부와 성자와 성령의 하나님이 '영존하시는 아버지'로서 우리와 관계를 맺게 하기 위해 예수님이 치르신 대가이다. 이 관계야말로 우리가 항상 갈구해 오던 것이다.

예수님이 나무 말구유에 누이고 약 30년 뒤의 그 금요일 오후, 십자가에 달리실 때 죄의 빚은 사라졌다. "다 이루었다"(요 19:30). 사실 그때 예수님이 하신 말씀은 헬라어로는 한 단어였다. "테텔레스타이"(Tetelestai). 이것은 빚을 갚았을 때 장부에 기록하는 단어였다. 빚을 완벽히 청산했다는 의미 였다. 따라서 십자가 위에서 예수님은 우리의 죄를 바라보 며 이렇게 말씀하고 계셨다. "다 갚았다. 빚을 완전히 청산 했다. 이제 너희는 용서를 받을 수 있다."

이는 기독교가 다른 모든 종교와 다른 점이다. 예수님의 메시지는 다른 모든 종교의 창시자가 가르친 것과 정반대 다. 예를 들어, 부처의 마지막 말은 "부단히 노력하라"였다. 하지만 예수님은 전혀 다르게 말씀하셨다. "내가 너를 대신 해서 노력했고, 이제 그 노력을 완성했다. 내가 너를 대신해 서 해냈다."

이렇듯 하나님이 이사야를 통해 평강의 왕이라 불릴 한 아기가 태어날 것이라고 약속하신 것은 그 아기가 세상적인 권좌에 오른다는 뜻이 아니었다. 하나님은 그 아기가 우리 를 대신해서 희생의 죽임을 당할 일을 말씀하신 것이다.

부활절 없는 성탄절은 말이 되지 않는다. 예수님이 이루 기 위해 오신 평화는 우리에게 가장 필요한 평화였다. 그것 은 인류의 가장 깊은 문제에 대한 해법이었다. 그 해법은 바 이러스에 대한 백신이 아니라 우리의 죄에 대한 용서였다. 이 점을 이해하기 전까지는 예수님이 평강의 왕이시라는 것은 말이 되지 않는다. 그분은 우리에게 가장 필요하고 영원히 지속될 평화, 곧 하나님과의 평화를 주기 위해 오셨다.

지금 평화, 다가올 평화

우리가 하나님과 평화를 이루면 모든 것이 변한다.

궁극적으로 가장 중요한 의견은 바로 하나님의 의견인데, 그분이 우리를 받아 주신다는 것을 알게 된다.

우리가 삶 속에서 무엇을 겪든, 심지어 죽어도 영원한 천국에서의 환영이 우리를 기다리고 있다는 것을 알게 된다.

영원한 어두움을 더 이상 두려워할 필요가 없다는 것을 알게 된다.

예수님이 우리를 위해 돌아가실 만큼 우리를 사랑하시기 때문에 우리가 중요한 사람이라는 것을 알게 된다.

예수님을 막 따르기 시작한 사람을 알고 있다면 이런 변화를 감지했을지도 모른다. 하나님과의 평화를 찾은 사람은 그 평화를 드러내기 시작한다. 수직적인 것이 수평적인 것을 변화시킨다. 아내를 더욱 사랑하는 남편이 된다. 더 만족하고 감사할 줄 아는 아내가 된다. 더 자상한 부모가 된다. 용서할 줄 아는 사람이 된다. 우리의 영혼이 하나님을 위해 지음을 받았기 때문이다. 4세기 아프리카 주교 아우구스티누스(Augustinus)의 표현을 빌리자면, 하나님 안에서 쉼을 찾기 전까지 우리 마음은 쉬지 못한다.

어느 날, 우리 모두 갈망하는 평화가 마침내 올 것이다. 이 땅에 최종적인 평화가 임할 것이다. 십자가에서 죽기 위해 자란 아기는 무덤에서도 살아나셨다.[8] 그분이 언젠가 그분의 세상에 다시 오실 것이다. 다만 이번에는 약한 아기가 아닌 강한 왕으로 오실 것이다. 그날에 이 아기는 지구를 원래 의도된 모습으로 회복시키실 것이다. 모든 문제를 바로잡고, 모든 병을 종식시키고, 정의를 회복시키실 것이다. 이 땅의 평화가 현실이 될 것이다.

하지만 하나님과의 평화를 완전하고도 영원히 이루기 전에 그분은 우리를 위해 돌아가심으로 우리를 하나님과의 평화로 이끌기 위해 오셨다. 덕분에 그분이 돌아오실 때 우리는 이 땅에서 하나님과 함께하는 삶을 누릴 수 있다.

당신 삶 속의 모든 문제가 궁극적으로 당신이 하나님에게서 분리되었다는 현실에서 비롯했다면 어떠한가? 최소한 그 현실이 당신의 문제를 악화시킨 것은 아닌지 돌아보기 바란다.

평강의 왕이 당신에게 하나님의 받아 주심과 하나님과의 평화를 주기 위해 돌아가셨다. 그 사실을 당신이 온 마음으로 깨닫게 된다면 지금 당신의 삶을 변화시키고 영원히 완전하게 해주실 것이다.

Part 3

잃어버린 예수를
다시 만나다

Searching for
Christmas

6

그분,
나의 전부가
되시다

사람들이 나를 뭐라고 부르는지만 봐도 나와 어떤 관계에 있는지를 알 수 있다.

나는 보통 모르는 번호의 전화를 받지 않지만 가끔 시험해 보고 싶은 마음이 들면 전화를 받는다. 그러면 대개 내가 "그리-아르(Gree-ar) 씨"인지를 묻는 목소리가 들린다.

두 음절. 그리-아르.

그 즉시 나는 상대방이 나를 전혀 모르는 텔레마케터라는 것을 알아차린다. 왜냐하면 내 성은 모음들이 이상하게 연속으로 나열되어 있지만 한 음절처럼 발음하기 때문이다. 내 성에서 세 모음을 연속으로 쭉 발음해야 했지만 전화를 건 사람은 그러지 않았다. 그는 매우 똑똑한 사람일지는 몰라도 나를 아는 사람은 분명 아니다.

가끔 나를 "그리어 박사님"이라고 부르는 사람들이 있다. 그렇다면 그들은 나를 그렇게 잘 알지 못하는 것이 분명하다. 내가 철학박사이지만 내 주변 사람들 중에서 나를 그리어 박사라 부르는 사람은 말 그대로 아무도 없기 때문이다.

이따금 특별한 이름으로 시작되는 문자 메시지나 이메일을 받는다.

"제이 디즐(J. Dizzle)."

이 이름을 듣거나 보면 옛 친구가 보낸 메시지라는 것을 바로 알아차린다. 어릴 적 친구들은 나를 제이 디즐로 불렀다. 당신이 나를 그 이름으로 부른다면 당신은 나를 잘 아는 사람이다. 우리는 가까운 사이다.

나를 "아빠"라 부르는 사람이 세상에 네 명 있다. 내게 이들은 세상에서 가장 소중한 사람들이다. 이들은 나를 누구보다도 잘 안다. 이들보다 나와 가까운 사람은 거의 없다. 물론 나와 가까운 사람 중에서도 가장 가까운 사람이 있다. 그 사람은 나를 '실버폭스'(The Silver Fox: 잘생긴 노신사를 의미)라 부를 수 있는 유일한 사람이다. 그 사람은 바로 나의 아내 베로니카(Veronica)다. 이 지구상에서 나를 아내보다 더 잘 알거나 사랑하는 사람은 없다.

당신은 하나님을 어떻게 부르는가

이름은 중요하다. 누군가를 어떻게 부르는지는 중요하다. 상대방을 어떻게 부르는지를 보면 그 사람과의 관계를 알 수 있다.

자, 우리가 함께할 시간이 거의 끝나 가는 지금, 당신에게 묻고 싶다. 당신은 하나님을 어떻게 부르는가?

신약에는 네 개의 복음서가 있는데 그중 마태복음과 누가복음만 성탄절 이야기를 전해 준다. 나머지 두 복음서 중에서 마가복음은 성탄절 이야기를 완전히 건너뛰고 성인 예수님이 사람들에게 따라오라고 부르시는 장면으로 곧장 넘어간다. 그리고 요한복음은 첫 성탄절의 사건 자체보다는 그 중요성과 의미를 주로 다룬다.

요한은 이렇게 말한다. "그(하나님)가 세상에 계셨으며 세상은 그로 말미암아 지은 바 되었으되." 하지만 우리 시대만큼이나 당시에도 사람들은 그분을 원하지 않았다. "세상이 그를 알지 못하였고." 심지어 모세와 이사야의 후손인 종교적인 유대인들도 그분의 가르침에 따라 삶을 변화시키는 데 관심이 없었다. "자기 땅에 오매 자기 백성이 영접하지 아니하였으나"(요 1:10-11).

하지만 그것이 이야기의 끝은 아니었다.

"영접하는 자 곧 그 이름을 믿는 자들에게는 하나님의 자
녀가 되는 권세를 주셨으니"(요 1:12).

예수님의 이름을 믿는 것은 단순히 그분이 존재하셨다
고 믿는 것을 의미하지 않는다. 그분이 특별하셨다고 믿는
것을 의미하지도 않는다. 심지어 그분이 죽은 자 가운데서
살아나셨다고 믿는 것을 의미하지도 않는다. 그것은 그분
을 자신의 삶으로 "영접하는" 것을 의미한다. 그분이 놀라운
카운슬러요 전능하신 하나님이며 영존하시는 아버지요 평
강의 왕이시라는 사실을 깨닫는 것을 의미한다. 당신이 평
생 찾아온 것이 무엇이든 간에 첫 성탄절의 중심에 계신 분
에게서 찾을 수 있다는 사실을 깨닫는 것을 의미한다. 어떤
면에서 당신은 내내 성탄절을 찾아왔다.

예수님은 위의 이름들과 같은 분이 맞다. 이는 분명한
사실이다. 하지만 당신이 그분을 믿고 영접하기 전까지 그
분은 '당신에게' 그런 것이 되어 주시지 않는다.

그래서 내가 알고 싶은 것은 단순히 당신이 예수님에 관
한 이 모든 것이 참이라고 믿는지가 아니다. 내가 묻고 싶은

것은 당신이 이런 것을 스스로 받아들였느냐는 것이다.

그분이 당신의 놀라운 카운슬러이신가? 그래서 당신의 삶을 인도하고 지도할 권리를 그분께 드렸는가?

그분이 당신의 전능하신 하나님인가? 당신 스스로는 충분하지 못하다는 것을 알기 때문에 그분이 당신에게 필요한 모든 것이 되어 주실 줄 믿는가?

그분이 당신의 영존하시는 아버지인가? 그분이 사랑으로 당신을 깨우고 격려하고 붙들어 주실 분인가?

그분이 당신의 평강의 왕이신가? 하나님이 당신을 용서하고 영원히 받아 주시도록 만들기 위해 그분이 당신 대신 돌아가셨다고 믿는가?

내 마음, 내 삶에 맞아들이다

그렇다면 당신은 당신과 당신 주변의 모든 것을 지으시고 오늘도 내일도 영원토록 세상을 다스리시는 위대하고도 스스로 있는 자를 보며 그분을 "아빠"라 부를 수 있다.

물론 모든 사람이 예수님을 영접하는 것은 아니다. 사실 대부분의 사람들이 그렇게 하지 않는다. 놀랍게도 종교적인 사람들, 선한 사람들, 똑똑한 사람들 중에도 예수님을 영접하지 않는 사람이 많다. "자기 땅에 오매 자기 백성이 영접하지 아니하였으나"(요 1:11). 하지만 당신은 그분을 놀라운 카운슬러요 전능하신 하나님이며 영존하시는 아버지요 평강의 왕으로 영접할 마음이 있는가? 그렇다면 아래와 같은 기도를 드리라. 이 기도는 마법의 주문 같은 것은 아니다. 하지만 진심으로 이 기도를 드리면 그분이 들으실 것이다.

"주 예수님, 제가 당신을 필요로 하는 죄인이라는 것을 압니다. 당신을 저의 놀라운 카운슬러로 받아들입니다. 오셔서 제 삶을 인도해 주십시오. 당신이 전능하신 하나님이신 줄 압니다. 그래서 당신은 저를 다스릴 권리가 있으십니다. 저는 영존하시는 아버지로서 당신을 필요로 합니다. 저를 사랑해 주시니 감사합니다. 저의 평강의 왕이 되어 주십시오. 저를 용서해 주십시오. 아멘."

"한 아기가 우리에게 났고 한 아들을 우리에게 주신 바 되었는데 그의 어깨에는 정사를 메었고 그의 이름은 기묘자라, 모사라[놀라운 카운슬러], 전능하신 하나님이라, 영존하시는 아버지라, 평강의 왕이라 할 것임이라"(사 9:6).

주

1. Craig Groeschel, "Wonderful Counselor," 라이프교회(Life Church)에서 전한 "He Will Be Called"라는 제목의 설교 시리즈에서.

2. 내가 예수님에 관한 주장을 펼칠 때 인용한 성경 구절들은 다음과 같다. 요 14:6; 사 53:3, 4; 마 11:28; 히 7:25.

3. Food processors: amazon.com/s?k=food+processor&i=garden&crid=24K617SWR9FDX&sprefix=food+processor%2Caps%2C165&ref=nb_sb_ss_c_2_14 Drills:amazon.com/s?k=drill&i=tools&ref=nb_sb_noss_1(둘 다 2020년 5월 12일에 확인).

4. 다음 목록은 루이스 기글리오(Louie Giglio)에게서 빌린 것이다. 그는 자신의 책 *I Am Not But I Know I Am* (Multnomah, 2012)에서 하나님의 '스스로 있는 자(I AM)에 관한 시대를 초월한 진리를 소개해 주었다.

5. thegospelcoalition.org/article/is-god-the-father-like-my-father/

6. *Sports Illustrated*, 1995년

7. https://archive.vanityfair.com/article/share/bd86a835-b84c-47a7-

bbec-60b9af6ea282 (2020년 3월 9일에 확인).

8. 부활에 관해 더 알고 싶다면 N. T. 라이트(Wright)의 주옥같은 책《하나님의 아들의 부활》(*The Resurrection of the Son of God*)을 읽으라. 이 주제에 관해 좀 더 쉬운 책은 리 스트로벨(Lee Strobel)의 《예수는 역사다》(*The Case for Christ*)를 추천한다.